Herderbücherei

Band 937

Über das Buch

Es gibt so viele kluge Bücher, in denen zu lesen steht, wie man es mit der Erziehung so ganz richtig macht, und alles klingt ungeheuer einleuchtend. Nur benehmen sich leider die Kinder nicht so, wie man es nach der Lektüre erwarten sollte: und bei aller Liebe, zuweilen langt's einem dann wirklich. Manchmal sind sie viel raffinierter, als man erwarten könnte, und machmal so begriffsstutzig, daß man schier verzweifelt. Sie entfalten unerhörte Energien und entwickeln eine geradezu sagenhafte Faulheit; sie können die reizendsten Gesellschafter sein und wahre Nervensägen. Sie legen frühzeitig das große Augen-Make-up an, aber verzichten auf das Tragen der verschönernden Zahnklammer. Freundinnen und Freunde beherrschen unser Familienleben, und die Schule wird zu einer Prüfung für alle. Und dann gibt es da noch das ganze Umfeld von Verwandten und Bekannten, die kritisch betrachtet werden und kritisch betrachten und alle ein wenig miterziehen, so daß es auch unseren Sprößlingen manchmal langt. Es ist gar nicht so einfach, wohlerzogen zu wirken, wenn man etwa zum einhundertzwanzigsten Mal hören muß: „Bist du aber groß geworden!" Schließlich werden sie ja alle erwachsen. Eigentlich schade, wenn es auch nicht immer eine ganz ungetrübte Freude war mit ihnen ...

Über die Autorin

Heilwig von Mehden ist 1923 in Essen an der Ruhr geboren. Sie lebt in Bonn und war verheiratet mit Conrad Ahlers. Mit einer Gesamtauflage von 750 000 Exemplaren ist sie eine der erfolgreichsten Autoren der Herderbücherei.

Heilwig von der Mehden

Nehmt die Männer, wie sie sind
Es gibt keine anderen
Band 427, 128 Seiten, 18. Aufl.

Keiner lebt wie Robinson
Von Verwandten, Bekannten
und anderen Leuten
Band 474, 144 Seiten, 9. Aufl.

Vielgeliebte Nervensägen
Von großen und kleinen Kindern
Band 516, 144 Seiten, 9. Aufl.

Ehret die Frauen –
aber übernehmt euch nicht!
Notizen aus dem weiblichen Alltag
Band 539, 144 Seiten, 10. Aufl.

Mir ist doch so, als wär' mir was ...
Vom angenehmen Umgang mit sich selbst
Band 587, 144 Seiten, 8. Aufl.

Vier Wände und ein Gartenzaun
Doch wie's da drin aussieht ...
Band 613, 128 Seiten, 5. Aufl.

in der Herderbücherei

Heilwig von der Mehden

Und was tun, wenn nichts zu tun ist?
Von den Freuden und Leiden der Freizeit
Band 658, 128 Seiten, 4. Aufl.

Schön ist es auch anderswo ...
Wir gehen auf die Reise
Band 714, 128 Seiten, 3. Aufl.

Backfischchens Leiden und Freuden
Wie Großmama erzogen wurde
Band 750, 192 Seiten, 3. Aufl.

Die Fliege an der Wand
Worüber man sich ärgert
Band 774, 144 Seiten, 2. Aufl.

„Ich hab' mich ergeben ..."
Wie Großpapa erzogen wurde
Band 822, 192 Seiten

Lauter reizende Leute ...
man merkt es nur nicht immer
Band 851, 128 Seiten, 2. Aufl.

in der Herderbücherei

Heilwig von der Mehden

Manchmal langt's aber!

Von den nicht völlig
ungetrübten Freuden der Eltern

Herderbücherei

Originalausgabe
Veröffentlicht als Herder-Taschenbuch

Buchumschlag: Kristine Rothfuß-Rietmann

© Verlag Herder Freiburg im Breisgau 1982
Herder Freiburg · Basel · Wien
Herstellung: Freiburger Graphische Betriebe 1982
ISBN 3-451-07937-2

Inhalt

Du bist doch
sonst nicht so!

Das weitaus allerliebste Baby meiner Bekanntschaft war ein Knäblein mit Namen Bibi. Nicht nur, daß Bibi aussah wie eine Reklame für Säuglingsnahrung und Wollwaschmittel zugleich. Er aß, was man ihm vorsetzte, lächelte selbst die Tante an, die wegen ihrer Schwerhörigkeit ein sehr lautes und schrilles Organ hatte, er schlief lange und fest, egal wo man ihn auch bettete, er schaffte es, unmerklich Zähne zu bekommen, und gluckste vor schierem Vergnügen bei jeder ärztlichen Untersuchung – kurzum, ein Bilderbuchbaby. Indes, Bibis strahlender Ruf ging völlig in die Binsen, als ihn seine stolze Mutter – seiner unerschütterlichen Liebenswürdigkeit nur allzu gewiß – mit auf ein Familienfest nahm. Vielleicht war er gegen Familienfeste allergisch, denn schon die Begrüßung der sonst wohlgelittenen schwerhörigen Tante überbrüllte er mit bemerkenswerter Schrille. Den Höhepunkt seiner Vorstellung als Nervensäge gab er, als er sich mehr todesmutig als klug von dem Schreibtisch stürzte, den man vorsorglich vor seine Schlafstätte gestellt hatte, damit Klein Bibi nicht vom Sofa falle. Da er beim Sturz sowohl die blaue als auch die rote Tinte seines Großvaters, eines Studienrates, mit sich führte, war der Anblick unvergeßlich!

Unvergeßlich war auch der Anblick eines anderen Knaben geringfügig reiferen Alters, der beim Herumtoben auf einer Geburtstagsparty mitsamt einem altmodischen Küchenschrank und dessen kompletten Inhalt auf dem Fußboden landete. Es handelte sich übrigens um ein Kind, das die Eltern immer bedauerten, weil „es nie aus sich herausgeht". „Nie" traf in diesem Fall ebensowenig zu wie die Warnungen vor einem niedlichen kleinen Mädchen, das als richtiger kleiner Teufel angekündigt wurde. Zum größten Erstaunen aller Beteiligten deckte der kleine Teufel den Tisch ab und verzichtete höchst edel auf ein ihm gehörendes Mickymausheft.

Kinder, die irgendwo zu Besuch sind, erweisen sich eben oft als ganz neue, unbekannte Wesen. Sonst sehr fröhliche, aufgeschlossene Menschen verfallen – völlig verklemmt auf einer Sesselkante hockend – in mürrisches Schweigen und machen einen so stumpfsinnigen Eindruck, daß man geradezu geniert ist. Ihre sonst einigermaßen verständliche Sprache verwandelt sich in ein undeutliches Gemurmel, und alles, was sie sehr wohl an Liebenswürdigkeit zu entfalten vermögen, scheint abhanden gekommen. Es kann aber auch sein, daß ein nie gehörter Redefluß aus ihnen herausbricht. Sich immer wieder überstürzend, bestehen sie darauf, einem nur mäßig interessierten Zuhörerkreis den Inhalt eines Fernsehfilms in allen Details nahezubringen, oder nichts vermag sie davon abzulenken, ihre etwas abenteuerlichen Vorstellungen über den Umweltschutz zu verbreiten. Es kann natürlich auch ganz anders kommen: Ein im Familienkreise eher mundfauler Sprößling entpuppt sich bei ganz fremden Leuten unerwartet als schlagfertiger und wohlüberlegender Gesprächspartner, der in der Zeit, als man ihn nur Rockmusik hörend wähnte, das eine oder andere kluge Buch gelesen haben muß.

Am unberechenbarsten sind natürlich die Kleinen: Einmal produzieren sie sich in wahrhaft engelartiger Vollkommenheit, dann sind sie, oft durch liebenswürdigen Beifall angespornt, so entsetzlich albern, daß man sie, gäbe es nur die geringste Aussicht auf Erfolg, verleugnen würde. Sie können ein ungeheures Geltungsbedürfnis entfalten, so daß kein anderer Mensch in ihrer Nähe es schafft, auch nur einen Satz zu Ende zu bringen, und sie können sich daumenlutschend und beharrlich schweigend hinter Mutters Sessel verkriechen.

Vor allem können die Kleinen ungeheuer quengelig sein, selbst, wenn das überhaupt nicht ihre Art ist. Plötzlich haben sie nasse Höschen, was eigentlich nachweislich seit Monaten nie mehr der Fall war, und sie bohren intensiv in ihrer kleinen Nase. Daß übrigens sonst streitbare Geschwister bei fremden Leuten plötzlich in Treue fest zusammenstehen, während die sonst eher Friedlichen sich auf wahrhaft boshafte Art zu zanken beginnen oder einander aufs abscheulichste verpetzen, sei nur am Rande erwähnt. Ebenso die Tatsache, daß sich die Menge und Art gewünschter Speisen und Getränke unter Umständen ganz kraß von dem unterscheiden, was sie zu Hause gern mögen. Wie oft kommt bei solchen Gelegenheiten aus dem Munde konsternierter Mütter und Väter der Ausruf: „Du bist doch sonst nicht so!" – Und wie selten wird er geglaubt, vor allem, wenn das „so" eher unerfreulich war!

Von Mädchen,
die lieber Jungen wären,
und Jungen,
die mit Puppen spielen ...

Immer wird nur von jenen geredet, die unbedingt zum Friseur sollen und nicht wollen. Tanten und Omas machen mehr oder weniger spitze Bemerkungen, Opas sprechen beziehungsreich von ihrer Militärzeit, und die Onkel, deren Knaben zu jener Zeit unter väterlicher Autorität standen, als der amerikanische Bürstenschnitt das Allerschickste war, reden voller Stolz davon, wie einsichtsvoll in diesem Punkt ihr Nachwuchs war („... Sonst hätte ich ihnen aber auch meinen Standpunkt klargemacht!"). Kurzum, man spricht von denen, die in jedem Friseur einen geschworenen Feind ihrer Schönheit oder Freiheit oder Modernität sehen. Man schweigt aber vollständig von jenen Problemkindern, die unbedingt immer zum Friseur wollen und nicht sollen. Wie mit vielen anderen nicht so spektakulären Problemen müssen sich die Mütter auch mit diesem allein auseinandersetzen.

Um es genauer zu sagen: Es handelt sich hier um die kleinen Mädchen, die eigentlich viel lieber Jungen wären und annehmen, wenn sie nur ihr Haar recht kurz trügen, wäre schon einiges zur Erfüllung dieses Wunsches erreicht. Kein Hinweis darauf, daß die schönen langen Locken viel zu schade sind, daß man dann unweigerlich sieht, daß die Ohren ein wenig abstehen, daß der sehr verehrte Jürgen von nebenan sein Haar viel länger trägt, vermag die Quengelei, daß aber ganz, ganz bestimmt wieder zum Friseur gegangen werden muß, zu stoppen. Und wenn eines dieser kleinen Mädchen auch noch durch widrige Umstände dazu gezwungen wird, einmal statt der geliebten Hosen ein Kleid anziehen zu müssen, ist der Jammer groß. Ich erinnere mich an drei kleine Cousinen, die mit sich und der Welt zerfallen in ihren Festtagskleidern am achtzigsten Geburtstag des Großvaters auf der Treppe saßen und mit dem Schicksal haderten, das sie so vor den Vettern blamierte, die zuweilen schon so zu ihnen gewesen waren, als ob sie auch Jungen wären.

Selbstredend waren die jungen Damen sonst Räuber oder Fernfahrer oder Gestalten aus einem Fernsehwestern, wobei sie natürlich keine Macht der Welt dazu gebracht hätte, die Rolle einer jener Weiblichkeiten zu übernehmen, die immer wohlfrisiert, gutgelaunt und zierlich gekleidet im Wilden Westen gelebt haben müssen. Und einer sehr geliebten Tarzanhose, die immer im Schwimmbad als Badebekleidung getragen worden war, wurde jämmerlich nachgeweint. Sie mußte nämlich ausrangiert werden, weil ihre Trägerin ganz und gar nicht mehr wie Tarzan aussah – vor allem obenherum.

Kleine Jungen wollen eigentlich nie Mädchen sein. Sie sind des festen Glaubens, daß Jungen im Grunde genommen etwas Besseres sind, weswegen sie es auch manchmal über Jahre hinweg ablehnen, mit Mädchen Umgang zu pflegen. Das hindert sie allerdings nicht daran, sich zuweilen mit den Sachen ihrer Mütter und Schwestern auf das Abenteuerlichste herauszuputzen. Wenn Väter dies einmal miterleben, werden sie übrigens sogleich von tiefer Besorgnis erfaßt: Der Junge wird doch wohl nicht? Auch die Puppen – von man-

chen Mädchen zugunsten von Indianerfedern, Toma-
hawk und Schießgewehr verächtlich beiseite gelegt –
üben auf manche Jungen eine große Anziehungskraft
aus. Sie lehnen es dann schlichtweg ab, der Vater der
Puppe Annemarie zu sein, denn jedermann weiß, daß
der Vater beim Puppenspielen morgens aus dem Haus
gehen muß, um draußen lediglich auf und ab zu spa-
zieren, bis er zum Mittagessen oder Abendbrot wieder
heimkommen darf. Nein, der Junge will auch eine
Mutter sein, das Kind füttern, den Puppenwagen
schieben und das Essen kochen! Und auch dies sehen
viele Väter gar nicht gern: Ihr Stammhalter, der die
schönste Eisenbahn, ganze Schachteln von Cowboys
und Indianern nebst Fort Laramie und ein superschik-
kes Tretauto besitzt, klopft in dem ausgedienten Puppenwagen der älteren Schwester sachkundig die Kissen zurecht und bettet dann unter zärtlichen Mutter-
küssen ein vom Zahn der Zeit sehr angenagtes einbei-
niges Puppenkind hinein, oder er ist selig mit einem
Hausputz der Puppenstube beschäftigt.

Um die Sache wenigstens etwas „männlicher" zu
gestalten, pflegen manche Eltern die Liebe ihres Knaben wenigstens auf einen Teddy umzupolen. Wenn
dieser dann allerdings nach einiger Zeit im Taufkleid
der Babypuppe prangt, in der Sportkarre auf der
Straße umhergefahren wird und ein Fläschchen bekommt, kann man die Umpolung eigentlich als ge-
scheitert ansehen. Auch das Indianerzelt, das das Ei-
genheim beim Mutter-und-Kind-Spiel darstellte, war
in einem anderen Sinne angeschafft worden: genauso
übrigens wie das lebensgroße Puppenhaus, das
schließlich zu „Bonanza" wurde, und die Ritter von der
Ritterburg, die in den Betten der Puppenstube landeten
und Milch in winzigen Täßchen bekamen.

Am besten macht man sich von vornherein mit dem Gedanken vertraut, daß es eine „Jungenabteilung" und eine „Mädchenabteilung" nur in manchen Spielwarenläden und Warenhäusern, nicht aber in Wirklichkeit gibt. Und man soll sich auch nicht ärgern, wenn die schönen, mühsam selbst bemalten Möbel der Puppenstube benutzt werden, um den Greifbagger auszuprobieren, während die äußerst empfindlichen Zubehörteile der Modelleisenbahn als Geburtstagsgeschenke für die Negerpuppe Sambo auf dem Spieltisch aufgebaut sind. Aber daß das wunderschöne karierte Faltenröckchen schon fast zu kurz ist und vom Töchterchen kaum getragen wurde, ist ja doch ärgerlich!

Auf zum
Kindergeburtstag!

Für manche Kinder spielt sich das Jahr zwischen zwei wichtigen Terminen ab: zwischen Weihnachten und dem eigenen Geburtstag! Ostern, die Sommerferien, andere Familiengeburtstage, Pfingsten und so weiter haben zwar auch etwas für sich, sind aber nur kümmerliche Ereignisse gemessen an den beiden erstgenannten. Der Geburtstag bietet fast noch etwas mehr Gesprächsstoff, weil das Kind an der Gestaltung selbst beteiligt ist: Soll die Torte mit Kirschen oder mit Gummibären verziert werden? Ist man zum Topfschlagen schon zu erwachsen? Muß man wirklich das nicht sehr geliebte Nachbarkind einladen, bloß weil es einen auch immer einlädt? Und andererseits: Kann man den netten Michael bitten, obwohl er einen noch nie eingeladen hat? („Einer muß ja anfangen!") Soll jeder einen großen Gewinn oder zwei kleine kriegen? Und wie ist es mit dem Abendessen? Kann man wirklich, ohne der allgemeinen Mißachtung anheimzufallen, mit der Würstchen-Tradition brechen, bloß weil man selbst keine mag? Diese und ähnliche Fragen müssen so rechtzeitig geklärt werden, daß man die Entscheidungen jederzeit wieder umstoßen kann, je nachdem, mit welchem Schulfreund oder -freundin man zuletzt gesprochen hat.

Die Schulkinder nämlich, davon wissen geplagte

Mütter ein Lied zu singen, sind bei ihren Planungen alles andere als unbefangen. Es ist so unendlich wichtig, daß bestimmten Gästen die Party auch ja gefällt. Daß diese Kinder zumeist die kleinen Snobs der Klasse sind, versteht sich von selbst. In ihren Augen kann es ein Fauxpas sein, Kakao statt Cola anzubieten, Pfänderspiele zu spielen, ein Kleid anzuziehen, Murmeln zu verlosen und ein Kind einzuladen, das nicht in die eigene Klasse geht. Leider weiß man nie so ganz genau, was Anstoß erregen kann, und wenn besagte Sylvia oder besagter Oliver am Vormittag vor dem großen Ereignis die Meinung kundtun, Seifenblasen wäre nur etwas für Babys, so steht die partygestaltende Mutter vor dem Problem, ob sie nun, um ihrer Tochter Schande zu ersparen, die Seifenblasenbüchsen aus der Tombola entfernen oder auf Sylvias Meinung pfeifen soll. Übrigens kann es durchaus vorkommen, daß dieselbe Sylvia am Nachmittag zutiefst einschnappt, weil, als sie die freie Auswahl hatte, keine Seifenblasen mehr da waren.

Das Kuchenessen, mit dem jeder Kindergeburtstag beginnt, geht ungeheuer schnell über die Bühne, wobei die verzehrten Mengen sehr unterschiedlich sind. Die Hoffnung auf mindestens eine halbe Stunde, in der die lieben Kleinen beschäftigt sind, erweist sich meist als trügerisch. Sogar der kleine Freßsack, der sich immer unter den Gästen befindet, wird von den anderen unbarmherzig zur Eile gedrängt, kaum, daß es ihm noch gelingt, ein Stück Kuchen als Vorrat in die Hand zu nehmen. Und dann heißt es in ununterbrochenem Einsatz eine Schar höchst unterschiedlicher Charaktere zu amüsieren. Leider ist ein Spiel, das lustig und spannend zugleich ist und die Gewähr bietet, daß alle gleichzeitig gewinnen, noch nicht erfunden. So hat man es immer mit enttäuschten Seelen zu tun, die „gleich zu Anfang

17

gesagt hatten, sie wollten die blaue Taschenlampe, und nun ist sie weg!" Außerdem gibt es natürlich auch immer welcher, die schamlos mogeln, und welche, die behaupten, die glücklichen Gewinner hätten schamlos gemogelt. Hier hat nun der spielleitende Erwachsene nicht die Aufgabe, fehlgeleitete Charaktere auf den rechten Weg zu bringen, sondern gleichfalls ein wenig zu mogeln, um der ausgleichenden Gerechtigkeit möglichst auf die Sprünge zu helfen, damit nicht, wie bei der Olympiade, einer sieben Goldmedaillen bekommt und sechs gar keine. Bei dem „Reise nach Jerusalem" genannten Kampf um Stühle etwa gibt es immer zugunsten der schwächeren Reisenden Schiedsrichterentscheidungen zu treffen, und auch der „Ochs am Berge" gibt die Gelegenheit, mal Bewegungen zu übersehen und mal besonders scharf hinzugucken. Daß übrigens auch das Geburtstagskind selbst besonders aufs Gewinnen versessen und besonders leicht eingeschnappt ist, soll an diesem seinem lange erwarteten Ehrentag häufig vorkommen.

Wenn gerade alles so richtig schön läuft, ist es Zeit, das Abendessen – was es auch immer sein mag – zu servieren. Dabei werden meist ungeheure kindliche Witze gerissen, über die fürchterlich laut gelacht wird. Außerdem müssen wir mit gelindem Entsetzen anhören, wie unser Kind die andern überredet, doch noch ja nicht heimzugehen. Manche Kinder bekommen übrigens eine Zeit mit auf den Weg, und manche dürfen bleiben, „bis die andern alle gehen". Infolgedessen hebt ein geschäftiges Telefonieren der ersten Gruppe an, „weil es doch gerade noch sooo nett ist und alle andern auch dürfen ..." Als letzte Anstrengung hat man dann noch alle Jacken, Mäntel, Mützen, Handschuhe und Schals richtig zu verteilen und darüber zu urteilen, wem das kaputte rote Auto gehört und wem das heile. Auch die Tatsache, daß die Bonbons, die jemand extra oben auf dem Bücherregal deponiert hatte, sehr dezimiert sind, muß beurteilt und vor allem geklärt werden.

Auf dem Heimweg nach dem Rücktransport des letzten Gastes kann man sich dann in Ruhe – über das nächste Weihnachtsfest unterhalten!

Nicht stets in
Treue fest!

Zu den ersten großen Enttäuschungen, die ein kleiner Mensch verkraften muß, gehört auch dies: Der allerbeste Freund oder die allerbeste Freundin erweisen sich als ungetreu und wankelmütig. Da sind zwei, solange sie denken können, Hand in Hand in den Kindergarten getrottet und haben zusammen alle Freuden (wie zum Beispiel das Patschen in wunderschönen großen Pfützen) und alle Gefahren (wie zum Beispiel den kläffenden Terrier an der Ecke) erlebt und bestanden – und auf einmal aus heiterem Himmel lacht sich der Freund gemeinsam mit der blöden Sylvie von nebenan halbtot, als sein Freund gegen einen Laternenpfahl gerannt ist, was ganz schön weh getan hat – nicht nur an der Stirn. Es kann auch sein, daß die bisherige Busenfreundin sich auf die Seite derer schlägt, die die neue Jacke in Grund und Boden kritisieren, oder mit anderen tuschelt und auf die Frage, was denn los sei, mit „Nichts für dich" antwortet, was, wie jedermann weiß, eine offene Beleidigung ist. Und wenn die größeren Jungen in akutem Personalmangel noch einen Kleinen mit Fußball spielen lassen, so sieht sich plötzlich dessen bester Freund verlassen am Spielfeld stehen, und es scheint völlig in Vergessenheit geraten zu sein, daß er soeben eine Kinoeinladung des großen Bruders ausgeschlagen hat, um mit dem Freund draußen zu spielen.

Auch später gibt es ungetreue Freunde: Der eine hält in der Stunde der Not seinen Arm vor das Heft und läßt nicht abschreiben, der andere trägt Geheimnisse herum, die man bei ihm sicher verwahrt glaubte, und wieder ein anderer flirtet schamlos just mit dem Mädchen aus der Klasse, von dem er ganz genau weiß, daß der Freund sie in etwa zwölf bis fünfzehn Jahren heiraten will. Und die Mädchen? Da wählen sie die allerbeste Freundin nicht in ihre Völkerballmannschaft, integrieren sich plötzlich in die feindliche Clique und erzählen das Geständnis, daß ihre Freundin ebenso heiß wie hoffnungslos den schönen Thomas liebt, just dem schönen Thomas, der daraufhin noch eingebildeter wird. Unter diesen traurigen Umständen ist der zutiefst pessimistische, seit Großmutters Zeiten aber in häufigem Gebrauch befindliche Poesiealbumvers zu verstehen: „Eva (oder Steffi oder Brigitte ...), lern die Menschen kennen, denn sie sind veränderlich! Die dich heute Freundin nennen, sprechen morgen über dich!"

Es gibt kleine und etwas größere Leute, die alle Enttäuschungen in sich verschließen und nur ihre Schulsachen auf eine Art in die Ecke knallen, die auf einen nicht harmonischen Gemütszustand schließen läßt. Andere berichten schon an der Haustür: „Nie mehr im ganzen Leben rede ich mit der Beate ein einziges Wort!" oder: „Ist mir doch ganz egal, wen der Michi auf seinem Fahrrad mitnimmt!" Für den Erwachsenen, der die Tür aufgemacht hat, kommt nun ein schwieriger Moment. Es ist zu leicht, ganz genau das Falsche zu sagen. Äußert man etwa, man habe die Beate nie leiden können und würde es infolgedessen begrüßen, wenn die dicke Freundschaft endlich vorbei ist, so kann das genauso Empörung hervorrufen wie der Rat, es nicht so wichtig zu nehmen, daß man neben Michis Fahrrad habe herlaufen müssen. Natürlich ist es doch sehr schlimm, und die Beate ist eigentlich doch prima, und sowieso versteht einen ja keiner! Schwärzeste Melancholie kann sich über das ganze Haus senken, und da man in der Familie immer ganz schön parteiisch ist, entwickelt man einen echten Grimm in sich gegen Beate oder Michi, die offenbar die Schuld daran tragen, wenn unser Kind mit gramvollem Ausdruck lustlos in seinem Apfelpfannkuchen herumstochert.

Manchmal sind die Geschichten, die man dann so erfährt, wirklich Beispiele effektiver Treulosigkeit, und manchmal ist man ganz überrascht, was für ein kleines Biest offenbar das nette Kind sein kann, das da seit Monaten bei uns aus und ein gegangen ist. Unter Erwachsenen wäre es in einem solchen Fall ganz sicher aus mit der Freundschaft, unter Kindern aber kann man offenbar eine ganze Menge schlucken! Und wenn man der Sache so richtig auf den Grund geht – was oft sehr schwierig ist –, so findet man heraus, daß die Verhaltensweise des eigenen Sprößlings auch nicht gerade beispielhaft freundschaftlich war – wenn auch vielleicht bei einer ganz anderen Gelegenheit. Jedenfalls passiert es immer wieder, daß wir ganz plötzlich unsere Kinder Arm in Arm mit dem soeben noch in Grund und Boden verdammten treulosen Freund daherkommen sehen – offenbar in allerbestem Einvernehmen und viel mehr als nur ein einziges Wort redend. Manchmal sind wir dann sehr erleichtert, manchmal aber sehen wir schon mit Schrecken den nächsten Kummer unweigerlich kommen.

Überhaupt
keine Umstände!

Manchmal bekommt man anderer Leute Kinder ins Haus geliefert, sei es, daß deren Eltern auf Reisen gehen oder auch nur auf ein Fest, dessen Ende nicht abzusehen ist, sei es, daß unsere Kinder sich diesen Besuch gewünscht haben oder sei es, daß wir nur für alle Fälle mit gutem Beispiel vorangehen wollen. Immer aber bekommt man die Kinder ins Haus gebracht mit dem Hinweis, man möge sich doch bitte gar keine Umstände machen, denn gerade dies Kind sei besonders anspruchslos, gut geartet und anpassungsfähig. Und dann steht da so ein kleines oder etwas größeres Wesen neben seinem Köfferchen und ist uns für einige Zeit ausgeliefert.

Manchmal kennt man die Betreffenden als Schulkameraden, Nachbarskinder oder Kindergartengefährten recht gut, da sie ohnehin große Teile des Tages bei uns zubringen. In diesem Fall kann man eigentlich nur mit allem, was mit dem Schlafen zusammenhängt, Überraschungen erleben: Das Bett ist irgendwie komisch, ein musikalisches Programm muß noch durchgesungen werden, die Tür muß offenstehen – aber nicht so doll, nur ein bißchen –, das Licht muß anbleiben, und auf dem Nachttisch soll ein Glas mit Apfelsaft stehen. Größere Kinder verlangen nach einem bestimmten Badezusatz, finden ihren Fönkamm daheim besser und stellen unkontrollierbare Behauptungen darüber auf, wann sie zu Hause ins Bett müssen. Geübte Kinderbeherberger befragen deshalb in Gegenwart der kleinen Gäste deren Eltern über diesen wichtigen Punkt, denn die Tatsache, daß man zu Weihnachten, zu Ostern oder an irgendeinem Geburtstag einmal lange aufbleiben durfte, wird sonst leicht verallgemeinert, und in den eigenen Kindern werden nagende Neidgefühle erweckt, unter denen man noch lange zu leiden hat.

Manchmal kennt man die betreffenden Kinder aber auch nicht so gut. Man hat sie gewissermaßen über ihre Eltern, die einem viel vertrauter sind, erworben und muß nun sehen, wie man mit ihnen zurechtkommt, wobei es sich oft als ausgesprochen hinderlich erweist, daß Kinder von befreundeten Eltern sich nur sehr selten untereinander gleichfalls nett finden. Meist hatten sich die eigenen Kinder schon nur betont gedämpft gefreut bei der Aussicht, daß das liebe kleine Peterchen kommt, und abschätzig gefragt: „Etwa der, der immer Blockflöte spielt?" Aber auch umgekehrt muß die Freude nicht immer allzu groß sein: Bei einem meiner Neffen fand meine Tochter durch gründliches Befragen heraus, daß er eigentlich sauer war, weil er gar nicht zu uns, sondern viel lieber zu Onkel Walther wollte, der einen Trecker habe, aber wenn er es bei uns brav aushielte, dürfe er das nächste Mal wieder zu dem Trecker.

Überhaupt keine Umstände soll man sich natürlich auch mit dem Essen machen – das ins Haus gelieferte Kind ißt immer alles! Nur verleiten freundliche Nachfragen jedes Kind dazu, detailliert damit herauszurücken, was es nicht mag. Oft ist es gerade das, was auf dem Tisch steht, und selbst, wenn man auf besonderen Wunsch das für Hausfrauen so günstige Lieblingsessen aller Kinder, nämlich Nudeln mit Tomatensoße, gekocht hat, kann es einem passieren, daß der kleine Gast lustlos in den Nudeln herumstochert und nachdenklich äußert: „Bei meiner Mutter schmecken die aber ganz anders!" Was man merkwürdigerweise etwas beschämt hinnimmt. Auch sonst haben es die Kleinen gern genau wie zu Hause: Der Toast muß heller sein, der Kakao nicht so heiß, eigentlich möchten sie lieber ein Brötchen, aber dafür kein Ei, und als plötzlich bei uns dicke Tränen auf ein Käsebrötchen fielen, lag es daran, daß Papi immer Bauklötzchen aus dem Käse macht und wir nicht dahinterkamen, wie besagter Papi dies anstellt.

Mit kleinen Kindern hat man überhaupt zuweilen Verständigungsschwierigkeiten. Zum Beispiel mit jenem kleinen Jungen, von dem es hieß, überall, wo man ihn hinlege, schlafe er wie ein Stein von abends um sieben bis morgens um acht: Was er unter heftigem Schluchzen zwischen elf und eins hervorstieß, haben wir trotz aller Mühen nicht herausgefunden. Klarer war schon die Sache bei einem kleinen Mädchen, daß in etwa zweistündigem Abstand die ganze Nacht hindurch mit den Worten „Bonbon haben!" an unseren Betten erschien. Und da so ein armes kleines Kind in der Fremde Mitleid verdient, bekam es auch, was es wollte. Größere Kinder tun übrigens zuweilen tiefere Einblicke in unseren Haushalt, als uns lieb ist, und berichten getreulich zu Hause, daß der Onkel immer die Wurst mit den Fingern nimmt oder ähnliches.

Werden die Kinder wieder abgeholt, bestätigen die Gastgeber liebenswürdigerweise, daß sie wirklich überhaupt keine Umstände gemacht hätten. Dies hörte ich auch immer über meine eigenen Kinder. Deshalb konnte ich sie guten Gewissens überallhin auf Besuch schicken.

Auf Wiedersehen
und paß gut
auf dich auf!

Wenn wir als Kinder verreisten – und wir wurden schon im zartesten Alter allein in den Zug, der uns zu den Verwandten brachte, gesetzt –, so waren wir des guten Platzes halber schon sehr früh auf dem jeweiligen Bahnsteig. Unsere Mutter wußte natürlich haargenau, daß gar kein Fensterplatz zwei mürrische Kinder – damals sagte man noch nicht frustriert – und nur ein Fensterplatz Mord und Totschlag zur Folge haben würde. Also mußten es zwei Fensterplätze sein, dazu noch im Nichtraucherabteil und in der Nähe des Zugschaffners, was nur zu erreichen war, wenn wir eben recht lange vor Eintreffen des Zuges zur Stelle waren.

Dies wiederum bedeutete, daß wir alle guten Ermahnungen mehrfach zu hören bekamen. Es begann mit den Grüßen an die lieben Großeltern oder sonstigen Verwandten, die auf keinen Fall vergessen werden durften, und endete mit der Mahnung an meine ältere Schwester, darauf zu achten, wenn ich eines Taschentuchs dringend bedürftig sei. (Sie pflegte dies taktvoll mit dem Hinweis: „Es glitzert!" zu tun). Dazwischen kam die Mahnung, den Reiseproviant schön aufzuessen (aber nicht auf einmal und nicht damit vor Abfahrt des Zugs zu beginnen), nicht die Türen anzufassen und auf keinen Fall in Osnabrück mal auszusteigen, wo der Zug längere Zeit hielt, nicht in Fahrtrichtung aus dem offenen Fenster zu schauen, nicht den Gürtel vom neuen Mantel hängenzulassen, von keinem Fremden etwas anzunehmen, sich von niemandem ausfragen zu lassen und die Toilettentür nicht zu verriegeln, sondern lieber füreinander davor Wache zu stehen. Dies alles zunächst auf dem Bahnsteig und dann noch einmal durch das offene Abteilfenster immer wieder Gehörte prägte sich so ein, daß ich es neulich unschwer wiedererkannte, als es eine Mutter, die ihre Kinder zur Bahn brachte, ihrerseits nahezu vollständig ihren nur mäßig interessierten Sprößlingen anempfahl. Offensichtlich handelt es sich hier um ein pädagogisches Eisenbahnabschiedsgespräch von Ewigkeitswert, mit dem man wahrscheinlich schon zu Urgroßmutters Zeiten alleinreisende Kinder langweilte.

Vieles davon, wenn auch in einer dem Alter angepaßten Form, findet bei Erwachsenen ebenfalls Verwendung. Leider aber hassen viele Leute wertvolle Ratschläge und fürsorgliche Ermahnungen sowieso und bei Antritt einer Reise noch ganz besonders. Hier fällt also ein nahezu unerschöpfliches Thema, mit dem man die Minuten bis zur Abfahrt des Zuges gestalten kann, weg. Denn, wie wir alle wissen, diese letzten Minuten können es in sich haben: Längst ist alles gesagt. Man hat sich bedankt, man hat den Dank zurückgewiesen, man hat sich alles Gute und Schöne und viel Erfolg gewünscht, man hat konstatiert, wie nett es mal wieder war und daß man sich auf ein Wiedersehen freut. Das Wetter ist durchgesprochen, die Lektüre ist besorgt und überreicht, die Mutmaßungen, ob der Zug voll oder leer sein wird, sind abgeschlossen – und noch immer sind es fünf Minuten bis zum Eintreffen des Zuges. Selbst bei Menschen, die man wirklich schätzt oder gar lieb hat, können sich diese Minuten wie Gummi in die Länge ziehen, und es passiert einem unter Umständen das, was man sonst nur bei gleichgültigen und langweiligen Bekannten kennt: Es fällt einem einfach rein gar nichts mehr ein.

Im günstigsten Falle fährt dann der Zug gleich nach seinem Eintreffen weiter. Andernfalls ist es durchaus möglich, daß noch eine Neuauflage des Gesprächs durch das offene Abteilfenster zu führen ist. Wer viel auf Bahnhöfen herumkommt, hat immer wieder Gelegenheit, die gleichen Gruß- und Dankesworte, die gleichen Wünsche für Wetter und Erfolg und die Mahnung, auf sich aufzupassen, aus den Fenstern zu hören. Manche Leute laufen sogar noch winkend und weiterredend neben dem fahrenden Zug her, während die eher Weisen gleich, wenn sie ihre Lieben installiert haben, den Bahnhof zu verlassen pflegen.

Aber wie ein echter Schicksalsschlag kann es einen treffen, wenn man wirklich alles gesagt hat, und dann hat der Zug zweiunddreißig Minuten Verspätung!

Keine Strandburg
wird instandbesetzt

Zu den Pflichten des ersten Sommerurlaubstages an der See gehört – sofern der Urlaub an der deutschen Meeresküste stattfindet – das Sich-Installieren hinter einem mehr oder weniger hohen Wall aus Sand – kurz „Burg" geheißen. Diese Installierung kann auf die verschiedenste Weise vor sich gehen: Wenn das Schicksal besonders gnädig ist, kann man ein intaktes Anwesen übernehmen, weniger Begünstigte haben größere Instandsetzungsarbeiten zu leisten, und die Pechvögel sind gezwungen, auf dem platten Sand neu zu siedeln. Was aber überhaupt nicht möglich ist, ist dies: in eine noch bewohnte, aber zur Zeit leere Burg einzuziehen, selbst, wenn es sich um eine Instandbesetzung handeln sollte. Denn das Recht auf die eigene Burg ist ein uraltes heiliges Strandrecht, das auch gilt, wenn kein teuer bezahlter Strandkorb in ihrer Mitte prangt und kein Stadtwappenwimpel aus dem Ruhrgebiet oder die kaiserliche Marineflagge ihren Rand ziert. Wer dies übrigens absurd findet, hat sicher noch nie höchst eigenhändig, von den allerersten entmutigenden Schaufelstichen an, eine Burg geschaufelt.

Da muß dann also zuerst der Grundriß ausdiskutiert werden, wobei es sich zeigt, daß Neulinge auf diesem Gebiet und solche, die auf Grund von Alter, Würde, Schlüsselbein oder Bandscheibe nicht mitschaufeln müssen, für weitläufige Anlagen plädieren, während die erfahrenen Arbeitssklaven eher bescheiden planen. Dann müssen Schaufeln geliehen und verteilt werden (wobei es immer Exemplare gibt, die jeder will, und welche, die keiner will), der Eingang muß festgelegt werden (günstig zur befreundeten Nachbarburg, zum Strandweg und nicht genau im Westwind). Wenn es ans Schaufeln geht, gilt es außerhalb dieser mühseligen Tätigkeit aufkommende Streitigkeiten zu schlichten, ständig die nachlassende Arbeitsmoral zu heben, die Gleichmäßigkeit des Baues zu überwachen, Erfrischungen zu beschaffen und darzureichen und darauf zu achten, daß potentielle befreundete Hilfskräfte sich nicht grußlos vorbeidrücken. Und dann stelle man sich vor, daß sich am nächsten Morgen wildfremde Schmarotzer in dem Werk unserer Hände breitmachen!

Die Perfektion der Burgen ist sehr unterschiedlich. Während wir auch nach aller Anstrengung eigentlich immer nur über einen mehr oder weniger später niedergetretenen Wall verfügen, gibt es herrliche Bauwerke mit Vorburgen, Treppeneingängen, aus Strandgut gebastelten Tischen, Bänken und sogar Schuhregalen. Damit man Näheres über die Bewohner dieser eindrucksvollen Bauwerke erfährt, steht in erlesener Muschelschrift „Villa Monika" oder „Gruß aus Bergheim/Erft" oder „1. F. C. Köln" auf der sorgsam geglätteten Außenfassade. Früher noch mehr als heute waren auch richtige Künstler am Werk: Durch Burgenwettbewerbe der Kurverwaltung motiviert, ringelten sich in kühnen Reliefs Nixen, Drachen und Tintenfische um die Burgen, oder die Bauten nahmen die Form von Autos, Seesternen und Schiffen an. Ich erinnere mich da an eine fischschwänzige Jungfrau, die einen Strandkorb umkringelte mit einem Schuppenschwanz, der vermittels Waschblau farbige Schuppen hatte. Unsere Kinder haben uns damals sehr verachtet, weil wir auch nicht annähernd etwas so Herrliches zustande brachten. Daß es geradezu ein Frevel ist, quer über solche Kunstwerke hinwegzuschreiten, versteht sich von selbst – aber man hat es auch gar nicht gern, wenn über den schlichten, schon in Verfall begriffenen Burgwall fremde Leute ungeniert hinwegspazieren.

Unkundige halten jede Art von Sandburg für baren Unsinn oder gar für ein letztes Aufflackern teutonischer Eroberungslust. Denen kann man viele Begründungen für die Existenz dieser Ferienbauten entgegenhalten: Man ist – wenn auch nur notdürftig – windgeschützt; man hat einen festen Platz, wo man drei Wochen lang wohnt, speist, Gäste empfängt, Getränke und Sandspielsachen eingräbt und Handtücher ausbreitet; man kann sich innen und außen in der jeweils richtigen Schräglage sonnen; die Kinder haben einen Treffpunkt mit ihren Freunden; und wenn etwas im Sand verlorengeht, hat man einen abgegrenzten Raum, wo man es aller Wahrscheinlichkeit nach wiederfindet, wie jedermann weiß, der schon einmal angesichts des unendlichen Meeres nach Bademantelgürteln, Autoschlüsseln, Sandaletten oder Zahnklammern suchen mußte.

Abgesehen davon, daß die echten Teutonen nie Burgen gebaut haben, hatten sie auch bei ihren Eroberungszügen ganz sicher andere Sachen als die genannten Gründe im Kopf.

Was würden
die anderen Kinder
dazu sagen!

Nicht wenige Frauen lieben es, sich extravagant zu kleiden. Manche tun das mit sehr viel Geschick und Geschmack und fallen in wirklich fabelhaft aufsehenerregender Art aus dem Rahmen, während andere nur unerhört kunstgewerblich oder befremdend wirken. Der echte Mann dagegen schätzt es gar nicht, extravagant gewandet zu erscheinen, und verzichtet deshalb weitgehend auf Brokatwesten, rote Smokings, Après-Skikostümierung und Piratenstrandhosen, wenn sie auch noch so sehr als Attribute wohlgekleideter Männlichkeit abgebildet und angepriesen werden. Doch ist diese männliche Abneigung gegen modische Wagnisse gar nichts gegen den echten Haß, den Kinder gegen alles, das alle anderen Kinder nicht auch anhaben, in sich tragen. Sie verabscheuen jede Art von Besonderheit auf das allertiefste und würden am liebsten wie eine Schafherde jahraus, jahrein mit dem gleichen Pelz, den alle anderen auch tragen, zur Schule gehen. Das heißt natürlich auf keinen Fall, daß die hoffnungsvollen Sprößlinge aller irdischen Eitelkeit entsagt haben und keinerlei Ansprüche in puncto Bekleidung stellen – o nein, die Ansprüche sind sogar ganz hübsch. So müssen etwa die Hosen nicht nur Blue jeans sein, weil alle andern auch Blue jeans tragen, sondern es muß eine ganz bestimmte Marke sein, weil diese Marke gerade in der Klasse bevorzugt getragen wird. Zufällig ist es die teuerste.

Ich entsinne mich mit Schaudern an das Drama, das sich entspann, als ich meiner kleinen Tochter, da alle andern in der Klasse Gummistiefel trugen, auch Gummistiefel kaufte, aber, in fehlgeleitetem Streben nach einem Rest von Schönheit, rote nahm. Mit roten Gummistiefeln zur Schule zu gehen und sich öffentlich darin zu zeigen, häuft Schmach und Schande auf das Haupt einer Sechsjährigen, wenn bis dahin nur schwarze in eben dieser Schule getragen wurden. Für einen Jungen hingegen ist es peinlich, im zweiten Schuljahr seinen Studien in einem hellblauen Pullover zu obliegen, wohingegen die scheußlichsten dunkelgrauen, dunkelbraunen und schwarzen Machwerke selbst mit ausgewachsenen Ärmeln und großen, farblich nicht vollabgestimmten Stopfen an den Ellbogen nicht beanstandet werden. Hosen dürfen zu kurz oder zu lang sein, sie dürfen geflickt oder zerrissen, schmutzig und ungebügelt sein, aber sie dürfen auf keinen Fall Träger haben, selbst wenn diese Träger, schamhaft und völlig unauffindbar für Klassenkameradenaugen, unter dem Pullover verborgen sind.

Mit zunehmendem Alter ändern sich natürlich die Bedingungen, die den gutgekleideten Schüler ausmachen, aber sie bleiben genauso hart. Noch ein Teenager billigt erst dann sein neues Gewand – und mag es auch ein unbestreitbar wundervolles Gewand sein –, wenn die Klasse es nicht beanstandet hat.

Manche Eltern ringen mit ihren Kindern um einen individuellen Geschmack und versuchen es auf alle mögliche Art und Weise, ihre Tochter oder ihren Sohn günstig zu beeinflussen. Aber im allgemeinen befinden sich heutzutage die Eltern, was diese Kämpfe betrifft, ziemlich im Rückzuge. Wir früher wurden von unseren Müttern und Vätern, die es liebten, ihre Kinder „apart" oder auch „anständig und solide" zu kleiden, noch ganz anders kommandiert. Wie hätte es sonst in meiner Bekanntschaft noch einen bedauernswerten Knaben geben können, der bei festlichen Anlässen im Samtanzug mit Spitzenkragen auftreten mußte, ganz zu schweigen von den geplagten jungen Mädchen, deren Rocklängen der Vater nach seinen Jugenderinnerungen festlegte? Nicht umsonst gab es damals den für strenge Vateraugen ausgeklügelten Trick, den Reißverschluß etwas zu öffnen und den Rock fünf bis zehn Zentimeter unterhalb der Taille zu tragen. Andere Mütter zögerten den Augenblick, wo sie ihre Töchter nicht mehr in Kinderkleider hüllen konnten, ungebührlich hinaus, so daß sich die merkwürdigsten Kombinationen zwischen Smokstickerei und sanften Rundungen ergaben, wobei noch die langen Beine schier endlos unter den „Hängerchen" hinausragten. Oder wir gingen als arme Opfer des extravaganten Geschmacks unserer Mütter in gewiß sehr hübschen, aber qualvoll aus dem Rahmen fallenden Kleidungsstücken einher. Selbst der spätere Trost, daß man in vielem vielleicht der Mode voraus gewesen war, machte die Schande nicht wieder gut, die man erlitt, als man einen Pferdeschwanz frisiert bekam, lange ehe die Pferdeschwänze in Mode waren.

Ich kenne so manche, die in ihrer Jugend heiße Schwüre tat, ihre Kinder sollten es dereinst besser haben und nie, nie Sachen tragen müssen, mit denen sie ausgelacht würden. Da war zum Beispiel die Freundin, die eine echte schwedische Tracht mitgebracht bekam ... Und ich selbst besaß einen Cordmantel, den nicht nur meine Tante selbst genäht und mit Krimmerpelz besetzt hatte, sondern den auch noch meine Schwester im Jahr davor heldenmütig in der gleichen Schule getragen hatte. Damals habe ich auch meinen noch lange nicht geborenen Kindern feste Versprechungen abgegeben. – Aber sagen Sie selbst: konnte ich denn die funkelnagelneuen roten Gummistiefel wegwerfen?

Für fünf Pfennig
Salmis und Veilchenpastillen

Wenn ich auch weit davon entfernt bin, im Gelde zu schwimmen, so könnte ich mir doch ohne weiteres das leisten, was ich früher für den höchsten Luxus gehalten habe, der einem Menschen erreichbar ist: Ich könnte mir täglich – ja, was sage ich, sogar vormittags und nachmittags noch einmal – an einer Erfrischungsbude eine Dose Salmis und eine Dose Veilchenpastillen kaufen. Die Betonung liegt hier natürlich auf dem „und", denn, wenn Sie alt genug sind, entsinnen Sie sich sicher auch noch der quälenden Wahl zwischen den beiden möglichen Genüssen, die für fünf Pfennige in kleinen Blechdöschen zu haben waren. Ganz eindeutig war bei den Salmis mehr drin, so daß ihr Kauf wirtschaftlicher erscheinen mußte. Andererseits aber war jede einzelne Veilchenpastille ganz gewiß dicker, was ihre spärliche Zahl in etwa aufwog. Und wenn der dezente Veilchengeschmack auch delikater schien, so konnte man sich doch aus den Salmis einen kunstreichen Stern mit Spucke auf den Handrücken kleben und langsam, aber genußreich ablecken, was merkwürdigerweise unverständige Erwachsene für ordinär und unappetitlich hielten. Kurzum, die Wahl war wirklich schwer, da man doch fast immer nur eins haben konnte. Manchmal wich man dann auf ein Nappo aus.

Ich habe keine Ahnung, ob es noch Nappos gibt. Es waren schokoladenüberzogene Dinger in – mathematisch gesprochen – gleichseitiger Trapezform. Außenherum war blau-silbernes oder rot-silbernes Papier, und innen war ein nahezu steinharter Kern aus einer weißlichen Masse, der erst durch ausdauerndes Ziehen, Beißen, Abdrehen und Reißen in handliche und eßbare Stücke abzutrennen war. Und dann hatte man ein längeres genußreiches Kauen vor sich. Ein Nappo gab, verglichen mit einem Kaugummi, geschmacklich ungleich mehr her, wohingegen das Kaugummi natürlich eindeutig an Lebensdauer und Verwendbarkeit überlegen war. Es grenzt tatsächlich ans Wunderbare, wie schier unerschöpflich die Nutzbarkeit eines einzigen Kaugummis sein kann. Leider geht offenbar mit zunehmendem Alter das rechte Verständnis für diese Eigenschaft verloren: Schon meine Mutter zwang mich, noch recht gut erhaltene Exemplare von ihrem Aufbewahrungsort unter der Kinderzimmertischplatte hervorzuklauben und in den Mülleimer zu werfen – und heute erfahren meine Kinder das gleiche Leid durch mich. Es ist sehr schade, daß es früher noch nicht die Sorte zum Luftballon-Machen gab, die auf sensible Ästheten so ganz besonders schockierend wirkt. Ich bin sicher, wir hätten sie sehr geschätzt.

Aber es gab damals wie heute Gummibärchen, jene grünen, gelben, roten, weißen und orangefarbenen kaum als Bärchen erkennbaren Winzlinge, von denen man eine stattliche Anzahl für sein Geld bekam und dem Vernehmen nach heute noch immer bekommt. Man kann sie nicht nur verspeisen, sondern auch mit ihnen spielen. Leider aber haben alle diese Spiele einen etwas düsteren Charakter: Die Bärchen schmekken einfach zu gut, so daß etwa von der Schiffsbesatzung nacheinander alle Matrosen über Bord gehen, in der Schule dezimiert offensichtlich eine Seuche die Klasse, und von der glücklichen Bärenfamilie im Walde geht ein Mitglied nach dem andern verloren. Die gleichen leuchtenden Farben erschienen früher übrigens bei der Brauselimonade mit den stolzen Namen „Himbeer", „Zitrone", „Orange" und „Waldmeister" wieder, die am Ziel jeder Schulwanderung mit unsagbarem Genuß getrunken wurde.

Die herrlichen rot-weißen geringelten Zuckerstangen, die früher jeder Bäcker führte, gibt es heute hauptsächlich auf Jahrmärkten, desgleichen die Schlangen aus einer dicken elastischen Masse in Pastellfarben, die für wenig Geld auch noch mit einem Edelsteinring im Maul geliefert werden. Sie sättigen ungemein auf die angenehmste Art und haben wegen des Schmuckstückes bleibenden Wert, ganz anders als die verschiedenen Arten von Lakritze, die eigentlich mehr den Appetit anregen. Lakritz kann man nur leidenschaftlich lieben oder völlig verabscheuen. Von jeher gab es Lakritzhasser, die versuchten, einem diese köstliche Süßigkeit durch allerlei abscheuliche Theorien über seine Bestandteile zu verekeln. Ich aber habe ihn immer geliebt. Es gab große Debatten, ob man sich mit einfachen Stangen zu zehn, zwei Schnecken zu fünf, vier Pfeifen mit rosa oder gelbem Tabak aus Gummischlangenmasse oder einer Wundertüte am besten stand. Zuweilen stellte man auch Versuche mit Lakritzenwasser an, einer Mischung aus Wasser und kleingeschnittenem Lakritz in Flaschen, die nach alter Überlieferung eine Zeitlang im Garten eingegraben werden mußte, aber eigentlich etwas enttäuschend schmeckte – eben wie stark verwässerter Lakritz.

Heutzutage schmecken leider alle diese Kinderherrlichkeiten längst nicht mehr so herrlich, wie man sie in Erinnerung hatte, so daß man den Kindertraum von „Salmis satt" gar nicht so recht genießt. Vor manchen Köstlichkeiten, die man sich in eindrucksvollen Quantitäten leisten wollte, sobald man erst groß war, graust es einen sogar. Wer weiß, woran es liegt? Man ist nur allzu leicht geneigt, sein Haupt zu schütteln und zu sagen: Auch die Himbeerbonbons sind nicht mehr das, was sie früher waren ...

Was für
ein nettes Kind!

Den sollten Sie mal sehen, wenn Sie nicht dabei sind ...", heißt es in einem berühmten Roman, und an diese in sich so widersprüchliche Bemerkung wird man häufig zu denken gezwungen, wenn es um die eigenen und fremde Sprößlinge geht.

Beim Elternsprechtag beispielsweise, jener Versammlung, wo unzählige Mütter und wenige Väter auf den Schulkorridoren vor den Klassenzimmern stehen und mehr oder weniger leidvolle Erfahrungen austauschen, trifft man immer wieder auf verwirrte Eltern, denen soeben ein völlig neues Bild ihrer Lieblinge enthüllt wurde. Da äußert sich vor der Tür des ob seiner strengen Noten gefürchteten Physiklehrers die junge Mutter dreier munterer Knaben völlig verstört so: „Daß sie alle drei faul wie die Sünde sind, hab' ich ja schon wegen der schlechten Noten geahnt, aber daß sie sich auch noch benehmen wie die Axt im Walde, war mir völlig neu!" Eine andere mußte erfahren, daß ihre Tochter, die ihr bisher immer ganz normal erschienen war, in der Schule durch eine bemerkenswerte Unreife auffällt und die Mitschüler immer wieder dadurch entzückt, daß sie den Klassenclown spielt, was wiederum die Lehrer leider nicht recht zu schätzen wissen.

Aber auch mit Erleuchtungen anderer Art kann man

von dieser Veranstaltung heimkehren: Der gleiche vierzehnjährige Schüler, der seine bildungsbewußten Eltern dadurch verbittert, daß er immer noch „Fix-und-Foxi"-Hefte neben seinem Bett aufbewahrt und dem Werbefernsehen gebannt folgt, hat in der Schule offenbar reife Durchblicke im Fach Gesellschaftskunde („Man merkt, daß der Junge viel liest ..."), und der, der sich zu Hause ständig in aufreizender Weise auf dem Sofa herumflegelt, ist der Motor der erfolgreichen Schulhandballmannschaft. Manchmal hat man den Eindruck, daß hier vielleicht eine Verwechselung vorliegen muß (was mir übrigens tatsächlich auch schon einmal passiert ist).

Aber nicht nur im Zusammenhang mit dem Schulleben sind uns Überraschungen beschieden: Da werden unsere Kinder von Bekannten wegen ihrer ausgezeichneten Manieren – vor allem Tischmanieren – gerühmt, und zwar zu einem Zeitpunkt, in dem wir es schon nahezu aufgegeben hatten, daran zu glauben, daß sie es einmal lernen würden, ohne aufgestützte Ellenbogen zu speisen und gelegentlich auch die Serviette zu benutzen. Und mit Erstaunen müssen wir erleben, daß sie, deren Redefluß manchmal kaum zu stoppen ist, als stille, nachdenkliche Charaktere bezeichnet werden, die in Gesellschaft von Erwachsenen nur Wohlüberlegtes von sich geben. Und wenn man dann gar hört, daß unsere Tochter, die sich notorisch um alle Arten von Hausarbeiten drückt und zur Empörung ihrer Geschwister immer in den ausgesuchtesten Momenten ein stilles Örtchen aufzusuchen pflegt, in einer Gastfamilie ein leuchtendes Beispiel in puncto Abdecken und Bettenmachen darstellt, dann wird man nicht nur von Mutterstolz, sondern auch von Verwunderung und leichter Verbitterung erfüllt.

Allerdings wäre die umgekehrte Überraschung auch nicht gerade angenehm, was man am nicht seltenen Fall jener als tüchtig gepriesenen, meist verwandten jungen Damen erleben kann, die einer geplagten Mutter mit in die Ferien gegeben werden und dort dann völlig darauf verzichten, ihre Tüchtigkeit unter Beweis zu stellen, sondern als zusätzliches Kind weitere Arbeit verursachen. Da wir in einer höflichen Welt leben, erfahren dies die stolzen Eltern nur selten im vollen Umfang.

Übrigens – was Ferienerfahrungen betrifft: Sowohl in der festen Überzeugung: „Er ißt alles!" als auch beim Zugeständnis: „Leider ist er mit dem Essen immer schon schwierig gewesen ..." erleben Eltern ihre Überraschungen, wenn sie erfahren, daß der Allesesser ständig herumgemäkelt und auf Muttis Suppe bestanden hat, während das unter lebenslanger Appetitlosigkeit leidende Kind nach Scheunendrescher-Manier beim Essen zuzuschlagen pflegte.

Kurz und gut: Man müßte sie eben wirklich einmal sehen, wenn man nicht dabei ist.

Großer Spaß
mit kleinen Tieren

Hätten wir nicht eines Tages, einem dringenden Be-
dürfnis Folge leistend, unser Biedermeiersofa auf-
polstern lassen, so wäre das Schicksal des Goldhamsters Poldi in ewiger Ungewißheit verblieben. So aber
wurde schließlich doch noch geklärt, daß dem bedauernswerten Tier sein Drang nach dunklen und unzu-
gänglichen Orten schließlich im Inneren des Sofas
zum Verhängnis geworden war. Sein kleiner mumifi-
zierter Leib fand also doch noch ein würdiges Begräb-
nis neben einigen gleichfalls dahingeschiedenen Art-
genossen. Denn, wie jeder weiß, der mit diesen Tieren
näheren Umgang pflegt, sind sie nur begrenzt haltbar.
Oft vertragen sie es auf die Dauer nicht, in Hosenta-
schen herumgetragen zu werden, wie es die jungen
Besitzer mit Vorliebe zu tun pflegen, und außerdem
neigen sie dazu, sich in wahrhaft selbstmörderischer
Manier von allerlei Möbelstücken in den Abgrund zu
stürzen oder ganz unzuträgliche Sachen zu verspeisen.
Wenn man dann noch ihre Undankbarkeit hinzu-
nimmt, mit der sie die Erlaubnis zu einem kleinen
Ausflug quittieren, muß man leider konstatieren, daß
sie als Hausgenossen und Spielgefährten trotz ihres
einnehmenden Äußeren problematisch sind.

Die Suche nach verschwundenen Goldhamstern hat
schon ganze Familien über Tage in Atem gehalten, wo-

bei es erschwerend wirkt, daß die reizenden Tierchen sich tagsüber totenstill verhalten und erst zu nächtlicher Stunde hinter Schränken und Bücherwänden zu rascheln und zu nagen beginnen. Hat man sie übrigens geortet, sind sie in keiner Weise bereit, sich greifen zu lassen, und werden in der Geschicklichkeit des Entwischens nur noch von weißen Mäusen übertroffen, die auf diesem Gebiet so genial sind, daß sie eigentlich nur kurze Gastspiele geben und dann auf Nimmerwiedersehen verschwinden. Dafür sind sie aber auch in der Anschaffung sehr preisgünstig.

Zumeist geht man nach der Bestattung mehrerer Goldhamster zu etwas Soliderem, Größerem und weniger Gewandtem über: zu Meerschweinchen!

Diese Tiere haben ihre Vorteile. Zunächst einmal werden sie viel älter. Manchmal überleben sie sogar das Interesse ihrer Besitzer an Meerschweinchen, und es stellt sich dann als gar nicht so einfach heraus, jemanden zu finden, der ein schon etwas dickes und ältliches Tier dieser Art geschenkt haben möchte. Bis es aber soweit ist, erweisen sie sich als liebe, sogar ein wenig anhängliche Genossen, die tagsüber wach sind und auch nicht immer unbedingt die Freiheit wählen wollen. Sie lassen sich gern mit ins Bett nehmen, wo sie nur etwa jedes dritte Mal Spuren hinterlassen, und hören auf ihren Namen, wenn man ihnen gleichzeitig eine Möhre oder ein Stück Apfel hinhält.

Warnen sollte man nur, wenn Meerschweinchenbesitzer andere Meerschweinchenbesitzer besuchen wollen, damit die einsamen Tierchen miteinander spielen können. Meist sind diese nämlich schon aus dem Spielalter heraus, und die Folgen sind absehbar – mindestens drei an der Zahl, für die dann wieder Besitzer gesucht werden müssen. Da nämlich Meerschweinchen noch nicht einmal ihre eigene Mutter respektieren, muß man sich von dem niedlichen Nachwuchs baldmöglichst trennen.

Ist die Meerschweinchenperiode durch Krankheit, Unfall, Altersschwäche oder Wegschenken zu Ende gegangen, geschieht es häufig, daß nunmehr ein Zwerghase in den verwaisten Käfig einzieht. Einem jungen Zwerghasen mit seinen winzigen Ohren, den großen Kulleraugen und dem kleinen runden Körper – viel kleiner als ein ausgewachsenes Meerschweinchen – ist einfach kaum zu widerstehen, und man glaubt nur allzugern den Versicherungen des Händlers, daß das Tierchen seine Endgröße nahezu erreicht hat. Leider ist dieses bei allen mir bekannten Häschen nie der Fall gewesen, so daß in kürzester Zeit zum Ankauf einer neuen Behausung geschritten werden muß, die etwa den doppelten Preis ihres Bewohners kostet; und da moderne Hasen nicht etwa mit selbstgesammeltem Löwenzahn und Kartoffelschalen gefüttert werden wie früher die ordinären Kaninchen, sondern aus kostspieligen Packungen leben, nagen sie ganz schön am Taschengeld ihrer Besitzer. Aber dafür hoppeln sie fröhlich im Zimmer herum, lassen sich bei den Schularbeiten auf dem Schoß halten und erregen nur zuweilen Ärgernis, indem sie alle elektrischen Zuleitungen zu den unentbehrlichen Stereoanlagen durchnagen, merkwürdigerweise, ohne daß sie der Schlag trifft. Bis vor kurzem hüpfte unser „Karlchen" im Badezimmer jedesmal auch auf den Deckel der Toilette, um von dort seiner Besitzerin beim Bade zuzuschauen. Seit er aber neulich bei diesem Sprung übersehen hatte, daß der Deckel nicht geschlossen war, nimmt er davon leider Abstand.

Viele junge Mädchen
sitzen
hoch zu Roß

Falls Sie es noch nicht gemerkt haben sollten: Der Pferdesport hierzulande ist voll in den Händen der Mädchen! Und falls Sie dieser Behauptung keinen Glauben schenken, gehen Sie nur einmal in eine jener Hallen und Bahnen, wo man die Kunst des Reitens erlernt. Sie werden feststellen, daß auf einen Knaben, der da im Kreise trabt oder galoppiert, zum mindesten zehn Mädchen kommen, die sich leuchtenden Auges um rechten Sitz, Schenkeldruck und Zügelhaltung mühen. Auch auf den oft extrem unbequemen Zuschauerplätzen findet man – neben den als Chauffeusen dienenden Müttern – ganze Pulks junger Mädchen, die höchst sachkundig Roß und Reiter kommentieren und allerlei Hoffnungen hegen: daß sie die Stute Simmy und nicht den Hengst Türk reiten dürfen, daß Aniellas Husten besser geworden ist, daß Paolo nicht wieder verrückt spielt und daß Strolchi die doofe Petra abwirft, die sich immer einbildet, sie könne als einzige reiten, bloß weil die Tante einen Ponyhof hat. Es ist wohl müßig klarzustellen, daß es sich außer bei der doofen Petra um lauter Pferde handelt. Über diese Pferde gibt es unendlich viel zu reden – nicht nur im Reitstall, sondern auch per Telefon zu Hause. Bulletins über Aniellas Husten und Mutmaßungen über die Chance, das nächstemal die unvergleichliche Simmy zu bekommen, treiben die Telefonrechnung in die Höhe und blockieren die Leitung. Und wenn die Diskussion am Abendbrottisch, ob in Bolivars Adern echtes Araberblut rollt, kein Ende nehmen will, werfen sich die geplagten Eltern leicht erschöpfte Blicke zu.

Allerdings können sie auch voller Erstaunen an ihren Töchtern sehr lobenswerte Züge von Fleiß, Ausdauer und Einsatzbereitschaft erkennen: Die sonst gar nicht so nach Arbeit gierenden jungen Damen putzen Boxen und Pferde, fegen Stallgassen, hantieren mit Mistgabel, Striegel und Hufkratzer und halten auf Grund einer bewundernswerten psychologischen Behandlung durch die Reitstallbesitzer dies mühsame Tun auch noch für eine Auszeichnung. Schade nur, daß es irgendeinen magischen Unterschied zwischen einem Stall- und einem Hausbesen, zwischen einer Pferde- und Hundebürste zu geben scheint.

Wenn es die Mädchen so richtig gepackt hat, ist es natürlich nicht mit dem Reiten allein getan – nein, das Pferd erscheint gewissermaßen ganztägig. Nur Eltern solcher Töchter wissen, was es auf dem Pferdemarkt so alles gibt: Man trocknet sich mit Pferden ab, trägt sie als T-Shirt, packt in ihnen seine Schulbücher ein, benutzt sie als Radiergummi, als Heft, als Kopftuch und putzt sich mit ihnen die Nase. Ganze Pferdefamilien aus Ton, Porzellan, Holz oder Kunststoff zieren jeden freien Platz, Pferde hängen um Hals und Arm, werden in Postkartenform nicht nur verschickt, sondern auch gesammelt, und als Poster galoppieren sie im Abendrot über dem Bett oder gestalten die Zimmertür zur Stalltür. Was eigentlich nur noch fehlt, ist echtes Gewieher aus der Stereoanlage. Natürlich wird auch kein Buch mehr gelesen, in dem nicht ein Pferd herumtrabt, in den allermeisten Fällen mit einem Mäd-

chen zur Seite, das sich das Reitgeld vom Munde ab-
spart, das Pferd kurz vor dem sicheren Tode gesund
pflegt oder als einzige im Stande ist, ihm Unarten aus-
zutreiben und es schließlich zum Siege zu reiten.
Manchmal in diesen Büchern droht der Liebe zum
Pferd Unheil durch Armut und Verkauf oder Reitver-
bot als Strafe, durch Neid und Mißgunst oder ein
schweres Pferdeleiden. Aber zum Schluß der Lektüre
sind Monika oder Stephanie oder Birgit oder Sabine
und das jeweilige Pferd glücklich vereint.

Natürlich bringen diese schönen Bücher Konfliktstoff in die Familie: Warum kann man nicht wie die
arme elternlose Sabine auch ein eigenes Pferd haben,
wo man doch gar nicht so arm und erst recht nicht el-
ternlos ist? Übrigens gibt es auch immer in der Bekanntschaft tatsächlich Eltern, die ihren Töchtern ein
eigenes Pferd halten. Hoffentlich wissen sie wenigstens, was sie damit anrichten!

Nicht immer wirkt sich der Reitsport auf die schulischen Leistungen günstig aus, da in den Schulbüchern
viel zuwenig Pferde vorkommen. Außerdem ist es
dringender und wichtiger, Simmys Hufe auszukrat-
zen, als Vokabeln zu lernen. Wenn man sich so um-
hört, werden vor allem von den Vätern in dieser Sache
viele Machtworte gesprochen und stillschweigend zu-
rückgenommen. Schließlich ist niemand stolzer als der
Vater eines hoch zu Roß erfolgreichen jungen Mäd-
chens.

Am Anfang sagte ich schon, daß es nur sehr wenig
reitende Jungen gibt. Damit erledigt sich das Problem
für viele kleine Mädchen ganz von selbst, wenn sie etwas größer werden.

Die kleinen,
bunten Zuckereier
müssen dabei sein!

Jedes Jahr, wenn man nach dem Ostereiersuchen und dem Auspacken der Osterpakete die lieben Kleinen hochbefriedigt irgendwo sitzen und ihre Schätze zählen und ordnen sieht, bewegt einen außer Elternglück und Osterfreude noch dieser Gedanke: „Dies ist einfach übertrieben! Was die Kinder da haben, könnte ein ganzes Kinderheim glücklich machen. Wie kamen wir uns doch als Kinder reich beschenkt vor mit etwa einem Viertel des hier Ausgebreiteten! Im nächsten Jahr wird ganz bestimmt weniger angeschafft und gleich gewissenhaft einkalkuliert, daß noch von Großeltern, Freunden und Tanten eine ganze Menge dazukommt ..."

Dieser Entschluß – so wertvoll er ist – wurde aber leider schon des öfteren von uns gefaßt und dann, milde gesagt, nicht konsequent durchgeführt. Das liegt wohl daran, daß Ostereier, wenn man sie kauft, aus unerfindlichen Gründen immer so wenig aussehen, und daran, daß es so viele Sorten gibt, die traditionsgemäß dazugehören. Wenn man die besseren schönen Schokoladeneier erstanden hat, braucht man natürlich noch welche aus Marzipan. Die kleinen bunten Zuckereier, von denen ganze Nester in grüner Osterwolle angelegt werden wollen, dürfen auch nicht fehlen, genausowenig wie die knallbunten, mittelgroßen, die innen mit einer weißen Schaummasse gefüllt sind und deren edler Wohlgeschmack jedem Erwachsenen verschlossen bleibt. Und was wäre Ostern ohne jene Zuckereihälften mit dem schönen gelben Dotter und dem Schokoladenüberzug, die das eine Kind besonders begehrt und das andere verabscheut, weswegen sie traditionsgemäß gegen die gleichfalls allseits bekannten glibberigen Gelee-Eier getauscht werden, die wieder der Tauschpartner sich in prähistorischen Zeiten übergegessen hat. Außer dem Überraschungsei aus Pappe, das in seinem Äußeren keinerlei Zugeständnisse an den modernen Geschmack macht und in seinem Inneren jede Art von Überraschung – von einfacher Zuckerfüllung über kleine Tiere bis hin zur neuen Lok für die elektrische Eisenbahn – bergen kann, müssen natürlich auch die Werke edler bildender Kunst aus Schokolade oder Marzipan vertreten sein, die mit oder ohne buntes Stanniolpapier, mit oder ohne Papphut oder Spankiepe, Hühner, Hasen und Küken auf das herrlichste darstellen und so schnell an Schönheit verlieren, ist ihnen erst das Papier abgewickelt, der Hut abmontiert oder gar der Kopf oder die Standfläche abgebissen. Empfindsame Kinder fangen übrigens von unten an zu speisen, während robuste zuerst den Kopf abzubeißen pflegen. Manchmal aber wird auch ein besonders süßes Küken (mit Tirolerhut oder so) ganz verschont, bis irgendwann im Sommer einmal jemand versehentlich darauf tritt. Unerfahrene Onkel erstehen zuweilen auch für ihre Patenkinder Eier, die durch ihren scharfen alkoholischen Inhalt mehr für Erwachsene geeignet sind. Wie manche Spur, die ein ausgespucktes Schokoladen-, Kognak- oder Likörei unübersehbar über ein österliches Kinder-Festgewand zog, kündet von gesunder kindlicher Abneigung gegen Genußgifte! Und dann natürlich dürfen die guten, alten, echten, selbstgefärbten, hartgekochten Hühnereier nicht vergessen werden, die so herrlich im noch kahlen Garten aussehen und so lange erhaltenbleiben, weil sie wirklich sehr sättigend und sehr trocken im Verzehr wirken. Außerdem sind sie auch innen gern ein bißchen rot, grün oder blau, was nicht jedermanns Sache ist.

An Hand des Ostereiersegens können aufmerksame Eltern Charakterstudien an ihren Kleinen betreiben und manchmal sogar mit Entsetzen verwerkliche Charakterzüge feststellen. Was ist beispielsweise von einem fünfjährigen Knaben zu halten, der mit großer Raffinesse heimlich seine angeknackten Eier gegen unversehrte seiner Geschwister eintauscht oder gar dem noch nicht zählfähigen Vetter schlicht das große Marzipanei klaut? Wie wird im späteren Leben der kleine Mensch wirtschaften, der alles hintereinander auffuttert und den Rest der Ostertage mit Magenbeschwerden, Neidgefühlen und ganz und gar eierlos verbringen muß? Und ist es nicht erschreckend, wenn die süße kleine Tochter die ganzen Festtage über damit beschäftigt ist, ihre Eier zu hüten und zu zählen, ohne sich und anderen eins davon zu gönnen? Auch beim Tauschhandel zeigen sich bedenkliche Neigungen zum Übers-Ohr-Hauen und Übers-Ohr-gehauen-Werden, wobei man als Pädagoge nicht recht weiß, was mehr zu verabscheuen ist.

Abgesehen von Charakterstudien kann man jedoch die Beobachtung machen, daß auch die viel zu vielen Eier innerhalb kürzester Frist nahezu aufgegessen werden. Übrig bleibt schließlich außer den zu behüteten Kunstwerken erhöhten Schokoladenplastiken, die das Kinderzimmer schmücken sollen, das bekannte nachösterliche Stilleben, das seit eh und je die Hausfrau vor Probleme stellt. Es besteht aus einem Körbchen mit etwa folgendem Inhalt: ein lila Hühnerei in schadhafter Schale, das Stanniolpapier von einem als besonders süß empfundenen Hühnchen, das handfeste Unterteil nebst linker Bauchhälfte eines besonders großen und besonders mehligen Schokoladenhasen, ein wenig grüne Osterwolle, eine wundervolle rosa Schleife mit künstlichem Kätzchenzweig und ein halbausgelaufenes Likörei. Was soll nun daraus werden?

Erster Engel
und dritter Hirte

Gleich nach dem Krieg ereignete sich zum ersten Male etwas, was dann bis lange nach der Währungsreform alljährlich um die Weihnachtszeit stattfand: einige Mädchen standen artig knicksend und verlegen vor der Tür meiner Eltern und antworteten, nach ihrem Begehr gefragt: „Wir kommen wegen dem Nachthemd!" Besagtes Nachthemd war ein Luxusexemplar seiner Gattung aus reinster hellblauer Seide. Aber nicht das war es, das es so gefragt machte. Es hatte, als einziges Nachthemd im Dorfe und in allen umliegenden Gemeinden, lange, weite, unten offene Ärmel und einen züchtigen, hochgeschlossenen Halsausschnitt. Kurzum, es war genau das, was seit eh und je Maria im Krippenspiel zu tragen pflegte. Mochte also das ganze Jahr über das ganze Dorf meiner Mutter im Vollbesitz von Butter, Eiern, Milch und Schinken weit überlegen sein – einmal, um die Weihnachtszeit, schlug ihre große Stunde: sie besaß das einzige in Frage kommende passende Gewand für Maria. So kam das hellblaue Pariser Nachthemd zu einer Ehre, die der Traum aller größeren kleinen Mädchen ist: es durfte die Maria spielen, nicht nur einmal, sondern sage und schreibe vier Male, und das ist wohl mehr, als je ein anderer Amateurdarsteller erreicht hat.

Die meisten kleinen Mächen erreichten es nie, denn

als Maria muß man einiges zu bieten haben. Beispielsweise sind es selten die dramatischen Talente der Klasse, die die begehrte Rolle erhalten, sondern meistens die Inhaberinnen vorzüglicher Zensuren unter besonderer Berücksichtigung des Betragens. Zu meiner Zeit waren auch lange blonde Zöpfe, die aufgelöst in schönen Wellen herabfließen konnten, entschieden ein Pluspunkt. Man mußte immer gut seine Gedichte gelernt haben und durfte weder schnüffeln noch lispeln. Außerdem war es natürlich notwendig, daß man kleiner als der Joseph, der Wirt, der König Herodes und der erste Engel, aber größer als der dritte Hirte (der mit dem Lieblingsschäfchen) war. Trotz all dieser schweren Bedingungen bin ich übrigens wirklich einmal Maria gewesen. Das schwere Handikap, statt der blonden nur schwarze Zöpfe zu haben, wurde durch einen Großvater ausgeglichen, der die Klavierbegleitung übernehmen konnte. Mein Joseph hieß in Wirklichkeit Walter und lispelte ein wenig. An einen Joseph werden aber auch bekanntlich nicht so hohe Ansprüche gestellt. Ein langer weißer Rauschebart, der juckt und seit Jahrzehnten in einer Kiste schlummert, charakterisiert ihn hinlänglich.

Immerhin ist der Joseph noch eine richtige Rolle, was man von allen Hirten nicht sagen kann. Im Gegensatz zu Joseph und Maria, die noch ein wenig morgenländisch ausschauen, pflegen die Hirten in Lodenumhänge gehüllt zu sein. Wir hatten einmal einen Hirten, der von seinem künstlerisch angehauchten Vater stilecht mit zwei Schaffellbettvorlegern bekleidet war. Er genierte sich sehr. Der erste Hirte hat gewöhnlich einen längeren Bart. Wenn die ganze kleine Bühne der Schule oder des örtlichen Tanzsaales von Engeln nur so wimmelt, ist er immer der, der etwas sagt: „Was

seh' ich?" worauf die anderen auch staunend aufblik-
ken. Die Zahl der Hirten ist nirgends begrenzt, so daß
alle, die sich das Jahr über nichts zuschulden kommen
ließen, mitspielen können. Außerdem gibt es natürlich
auch noch jede Menge Engel. Engel pflegen Nacht-
hemden zu tragen, denen man mit Hilfe von goldenen
Sternen oder goldenem Weihnachtspaketeinwickel-
band einen himmlischen Anstrich verleiht. Zuweilen
hat der Fundus auch für den ersten bis dritten Engel
(die Sprechrollen) Flügel. Diese Flügel kneifen entweder oder sie rutschen. An den Füßen haben die himmlischen Heerscharen Turnschuhe und weiße Söckchen.
Manchmal verlangt ein avantgardistischer, noch nicht
in Krippenspielinszenierungen ergrauter Regisseur
bloße Füße. Doch scheitert dieser kühne Einfall zumeist an den Müttern der Engel, die Erkältungen befürchten.

Große schauspielerische Lorbeeren lassen sich eigentlich mehr in den Nebenrollen ernten. Die Weisen
aus dem Morgenlande – traditionsgemäß in Bademän-
teln – hatten da mal einen Träger für die Kiste mit
Myrrhen, den der kleinste Junge der kleinsten Klasse
spielte; dieser Knirps wurde zum absoluten, umjubel-
ten Star der Aufführung. Auch aus König Herodes
läßt sich mit Augenrollen, Zähneknirschen und tücki-
schem Herumschleichen sehr viel machen, während
der hartherzige Wirt und seine Gattin – beide dick und
meist oberbayrisch gekleidet – mehr nach der komischen Seite hin ausgedeutet werden können.

Zum Schluß singen dann alle, auch der böse Herodes, „Stille Nacht ..." oder „O du fröhliche ...", und Jo-
sephs Bart und Marias Schleier wandern wieder bis zum
nächsten Jahr mit den Flügeln und den Königskronen
in die Kiste. Die Darsteller aber gehen stolz und froh

heim in dem Gefühl, daß es sich nun aber, vom Schluß der so glorreichen Aufführung bis zum wirklichen Heiligen Abend eigentlich nur noch um Stunden handeln kann.

Bei Mozart
fing's
genauso an

Sehr früh erkennen Experten wie Omas, Tanten und stolze Mütter die Musikalität eines Kindes. Grenzt es denn nicht fast schon ans Geniale, wenn das Kleine im Takt auf seinem Stühlchen herumhopst, wenn es – noch nicht zweijährig – den Anfang der Melodie von „Hänschen klein ..." ganz richtig singen kann. Oder wenn es gar beim Klang einer schluchzenden Geige, in seinem Bettchen liegend, zunächst kummervoll mit der Unterlippe zittert und dann herzzerreißend losjault. (Den Hinweis, daß unter Umständen auch Hunde so reagieren, können nur Leute ohne Sinn für das Höhere geben.) Da offensichtlich ganz ähnliche Erscheinungen beim jungen Mozart beobachtet wurden, ist man geradezu verpflichtet, diese stupende Musikalität nicht so einfach verkümmern und dem Kind Unterricht geben zu lassen. Nicht gleich so früh wie dem kleinen Wolfgang Amadeus – wir erwarten schließlich bei allem Optimismus nicht, daß die vorliegende Musikalität das geniale Kind schon mit vier Jahren zum Komponieren drängt – aber doch immerhin sehr rechtzeitig im allerbesten Lernalter.

Vorsichtige Eltern, die kein unnötiges finanzielles Risiko eingehen wollen, schreiten zunächst gewissermaßen probehalber zum Kauf einer Blockflöte. Danach stirbt unter Umständen schon der Glaube an das musikalische Genie dahin, denn es ist nirgendwo überliefert, daß Beethoven, Mozart oder Bach in ihrer Kindheit irgendeinem Instrument so schauerliche Mißtöne entlockt haben, ohne zu merken, daß sie ständig neben dem richtigen Ton landeten. Es kann sehr quälend sein, einem Blockflöte übenden Kind zu lauschen, und der Gedanke, es würde ähnliche Töne gar auf einer Geige hervorbringen, läßt einen erschauern. Aber auch sonst sind gewisse Unterschiede zu den großen Komponisten festzustellen: Wird nicht von ihnen überliefert, daß sie über der geliebten Musik alles vergaßen? Daß sie sich zum Geburtstag wünschten, noch länger üben zu dürfen? Welche bittere Enttäuschung für die fürsorglichen Eltern, wenn die Kinder vor allem das Üben vergessen und wenn die Musiklehrerin beim Schulkonzert zwar die Teilnahme mit Blockflöte erlaubt, aber Fürchterliches androht für den Fall, daß das Kind es wagen sollte, auch nur einen einzigen Ton auf dem Instrument hervorzubringen.

Natürlich bleiben nicht alle jungen Genies auf der Strecke, manche wandern auch jahraus, jahrein zu einem Klavier- oder Geigenpädagogen und lernen dort, wo die alte Devise „Ohne Fleiß kein Preis" ihre Berechtigung hat. Da der Fleiß mehr oder weniger von oben verordnet wird, kommt schließlich für die gute Oma der strahlende Moment, in dem sie feuchten Auges lauschen darf, wie das Kind ein klassisches Menuett nahezu fehlerlos vorspielt, und es stört Oma auch gar nicht, wenn das Tempo bei den geläufigen Stellen etwas anzieht. Und dann geht es weiter und weiter, wie weit, das kommt nicht nur auf die Begabung, sondern auch auf die Willensstärke von Kind und Eltern und auf die Fähigkeit des Pädagogen an, der nicht zu jenen gehören darf, die einer glänzenden Virtuosenkarriere nachtrauern und im Grunde ihres Herzens ihre Lehrtätigkeit für eine regelrechte Zumutung halten.

Das häusliche „Üben" kann zu einer Quelle der Unstimmigkeiten werden, sei es durch Kritik, Taktzählen, Mitsummen oder, schon vor der Durchführung, durch langwierige Diskussionen über wann, ob schon oder wie lange?

Auch war es kaum im Sinne der Klavierpädagogik, wenn meine Cousinen gleichzeitig den „Fröhlichen Landmann" spielten, um festzustellen, wer es schneller konnte, oder wenn ein mir bekannter Knabe zu einem bekannten Adagio die unflätigsten Schmähungen auf seine Klavierlehrerin sang, unter besonderer Berücksichtigung ihres ungeheuren Busens. Alle diese Unzuträglichkeiten führen dazu, daß wie beim Pferderennen in Ascot das Feld immer kleiner wird. Manch Traum von einem familieneigenen Kammermusikorchester schmolz auf einen Solisten oder, wenn man Glück hatte, auf ein Duo zusammen. Übrigens verläßt manche Eltern niemals der Kummer um all die vergebliche Mühe, die unnötigen Auseinandersetzungen, das verkümmerte Talent und um das schöne vergeudete Geld. Weswegen man gut daran tut, möglichst nicht die Sprache auf das einst aufgegebene Streben zu bringen. Ich bin da fein heraus: Meine Ausbildung fand ein frühes Ende, weil Großvater, in dessen Haus wir damals wohnten, mein Üben nicht mehr mitanhören konnte.

Leider wirkt es auf die jungen Menschen gar nicht, wenn ich berichte, daß ich eine erstaunlich große Anzahl gesetzter Leute kenne, die heute wieder mit Musikunterricht beginnen und sich halb tot darüber ärgern, daß sie damals aufgehört haben zu üben.

„Vater und Mutter
sind doooof!!!"

Von jeher haben manche bedeutende Persönlichkeiten ein Tagebuch geführt, in dem sie mehr oder weniger ausführlich protokollierten, was der Tag gebracht hatte. Andere Größen aber haben dieses zeitlebens unterlassen, was in manchen Fällen wirklich ein Jammer ist. Memoiren allerdings wurden sowohl von berühmten als auch von weniger berühmten Menschen verfaßt; und da das menschliche Gedächtnis – wie wir schon an unseren vokabellernenden Sprößlingen beobachten können – eine unzuverlässige Einrichtung ist, erklärt sich so manche Dichtung und manche Wahrheit. „Hier irrt Goethe!" schrieb ein späterer Herausgeber als Anmerkung an die Aussage des alten Goethe, wer seine größte Liebe gewesen sei. Die Goetheforschung wußte es nämlich inzwischen besser und nicht nur aus dem Gedächtnis.

Ganz bestimmt aber irrt sich die liebe Tante Tina nicht, wenn sie behauptet, ihr Neffe Jürgen habe schon im Alter von dreizehn Jahren Goethe gelesen. Dies nämlich steht als Merkwürdigkeit in ihrem rotledernen Tagebuch aus den Jahren 1953–1956 vermerkt, und kein Mensch aus der näheren oder weiteren Verwandtschaft würde das nicht als Dokument anerkennen. Tag für Tag seit dem sehr fernliegenden bedeutsamen Tag ihrer Konfirmation, zu dem sie das erste einer langen Reihe von Tagebüchern geschenkt bekam, hat sie nämlich über alle Ereignisse um sich herum genauestens Buch geführt. Denn nicht nur historisch bedeutende Persönlichkeiten machen tägliche Aufzeichnungen (siehe oben), sondern auch viele andere Zeitgenossen, von denen jedoch die offizielle Geschichtsschreibung leider kaum Notiz nimmt.

Manche schreiben mit großer Gewissenhaftigkeit auf, was um sie herum geschah, wer Geburtstag hatte, daß ein neuer Mantel angeschafft wurde, von wem Post gekommen ist und wie gut oder wie schlecht geschlafen oder gegessen wurde. Andere wieder beschäftigen sich gedanklich mit der geistigen Umwelt. Wieder andere – und dies sind vor allem junge Menschen – brauchen das Tagebuch als Freund, dem man alles anvertrauen kann, oder als Ventil für brodelnde Seelenregungen, wie etwa meine kleine Cousine, die ihr schönes Tagebuch (in seegrüne Rohseide gebunden) mit den Worten begann „Vater und Mutter sind doooof!!!", wobei die Zahl der Os und der Ausrufungszeichen über den Grad der damaligen Empörung Aufschluß geben.

Da gerade ganz junge Leute ungeheuer viel mit der Liebe von ganz nah und ganz fern beschäftigt sind, spielt diese auch in den Tagebüchern eine große und oft geheimzuhaltende Rolle. Weit von Diskretion und Takt entfernt, sind vor allem Geschwister ganz versessen darauf, in den Aufzeichnungen ihrer Brüder und Schwestern nicht nur herumzuschnüffeln, sondern auch mit Betonung etwa vorzulesen, daß Mecki mit seiner neuen Jacke wahnsinnig süß aussieht oder daß Heidi in Englisch mehrfach herübergeguckt hat, von handfesteren Beobachtungen ganz zu schweigen.

Wahre Schlachten sind schon um Tagebücher in solchen Fällen entbrannt.

Leider bleiben die meisten Menschen schon nach den ersten mit großem Schwung begonnenen und für das ganze künftige Leben geplanten Aufzeichnungen stecken. Ich selbst begann mit dem schönen Zitat „Laßt euch nicht behandeln, handelt selbst!", an das ich eigentlich noch Gedanken erhebender Art über das Freiheitsbedürfnis gegenüber Eltern und Lehrer knüpfen wollte. Leider kam etwas dazwischen, und nachher war ich nie wieder in der zugleich schöpferischen und revolutionären Stimmung, so daß gar nichts mehr in das Tagebuch hineinkam, bis ich es viel, viel später für jene Aufzeichnungen benutzte, auf denen im allgemeinen „Unser Kind" in Gold steht. Viele Mütter müssen mir bedauerlicherweise zustimmen, daß auch diese Art von Tagebüchern selten mehr als das erste Lebensjahr des betreffenden Kindes begleitet.

Leute mit Tagebüchern sind zweifellos Leute ohne Tagebuch in manchen Dingen überlegen: Sie können einem schwarz auf weiß beweisen, daß im vorigen Jahr um diese Zeit auch schlechtes Wetter war, daß Weihnachtsgrüße im letzten Jahr erst am 27. und im vorletzten am 28. eingegangen sind und daß Onkel Theo nicht zehn Tage, sondern fast vierzehn zu Besuch war.

Da kann so ein armer Mensch ohne Tagebuch natürlich nicht mit!

Von Hänschen Knackkopf und Bubi Wassertrinker

Was würden Sie wohl unter einem „Knutschbaby" verstehen? Ich fürchte, etwas ganz anderes als wir damals, als ich eins mein eigen nannte. Es hörte auf den Namen Felizitas. Sie war die letzte einer langen Reihe von Brüderchen und Schwesterchen, und ich habe sie, wie alle meine Puppenkinder, sehr geliebt. Knutschbabys hatten einen ganz weichen Körper, der nach einiger Zeit so weich wurde, daß er anfing zu schlottern. Dann wurde er mit allerlei Flicken von unseren Sommerkleidern neu aufgefüllt, so daß das Innere von Felizitas – wenn es sie noch irgendwo geben sollte – heute noch darüber Auskunft geben könnte, was wir in jenen Jahren getragen haben. Da Felizitas ein Baby war, kam sie hin und wieder auch auf die Welt. Meine Schwester (gleichfalls Knutschbabybesitzerin) und ich gingen mit Koffer, Handtasche und Südwester bewaffnet auf Reisen. Kaum waren wir weg, betraten zwei Engel den Schauplatz der Handlung. Das waren natürlich auch wir beide, aber mit Seidenschals, Schuhen mit hohen Absätzen und gelösten Zöpfen – wie es Engeln entsprach. Wir legten Felizitas und das Pendant dazu auf die Kinderzimmertürschwelle und entfernten uns mit Halleluja. Dann kehrten wir von der Reise zurück und waren freudig überrascht.

Unzählige Geschwister waren dem Knutschbaby vorangegangen, von denen aber schließlich nur noch wenige übriggeblieben waren. Verschollen, zerbrochen, verloren, begraben, verschenkt ... Einer, ein Gummiknabe namens Bubi Wassertrinker, wurde eben wegen seiner Fähigkeit, Wasser zu trinken und in hohem Bogen von sich zu geben, zwangsweise ausrangiert: Der Bogen entsprang an einer ganz natürlichen Stelle, und das schickte sich damals nicht für anständige Kinder. Eine Puppe blieb in der Straßenbahn sitzen und ward nicht mehr gesehen. Das war Gretchen mit dem Porzellankopf und den Zöpfen. Meine Liebe zu ihr war wohl die ausdauerndste, und Gretchen hielt ihr nur so lange stand, weil sie jedes Jahr zu Weihnachten wieder zusammengeflickt wurde. Dieses Gretchen war ein Freigeist und tat all die kühnen und herrlichen Taten, die ich nicht zu tun wagte: Suppenteller umwerfen, die Zunge herausstrecken, lange Strümpfe ausziehen, Schule schwänzen und an den Gardinen schaukeln. Und schließlich – wie schon gesagt – emanzipierte es sich völlig in der Straßenbahn.

Die kleinste meiner Puppen schlief in einer Walnußschale und wusch sich im Schraubverschluß einer Zahnpastatube. Es erwies sich als unmöglich, ihr Höschen zu nähen, und einen Namen bekam sie auch nie. Die größte Puppe, Cäcilie mit Namen, konnte richtige Babyschuhe tragen und war so unhandlich, daß man eigentlich nichts mit ihr anfangen konnte, als sie zu verhauen. Deshalb hat sie weitaus mehr Prügel bekommen als selbst das aufsässige Gretchen. Aber der Allerbeste und -liebste war doch Hänschen Knackkopf. Er war der Älteste und erste – als ehrwürdiges Erbstück sogar viel älter als ich – und mein „Sohn", solange ich denken kann. Seit dem gräßlichen Unglück, als ihm ein Nachbarjunge ein Eierbrikett an den Kopf geworfen hatte, trug er den diffamierenden Beinamen Knackkopf, denn wenn man ihn seitdem gleichzeitig auf Nase und Hinterkopf drückte, klaffte sein Kopf unter schaurigem Knacken auseinander. Seine Stoffhände waren immer ein bißchen ausgefranst gewesen, und eins seiner Beine hatte man durch einen schön geschnitzten Holzstock ersetzt. Das andere pflegte ich in kritischen Situationen zum Munde zu führen. Sein Leib allerdings war unverwüstlich aus durablem Leder, auf dem, wie so oft auf einem starken Körper, der schwache Kopf saß mit einer reizenden, schon etwas durchgescheuerten Stupsnase, vielen Grübchen und einer Fülle prächtiger Locken aus Zelluloid. Ich glaube, ich habe Hänschen deswegen so stark und ausdauernd geliebt, weil ich ihn ohne Unterlaß verteidigen mußte. Ständig mußte ich ihn jemandem entreißen, der mit seinem Kopf knackte, und dauernd war er in Gefahr, armen Kindern geschenkt zu werden.

Von allen meinen Puppen existiert keine einzige mehr, und das ist vielleicht gut so, denn so schön und lieb, wie sie in meiner Erinnerung lebendig geblieben sind, können sie kaum in Wirklichkeit gewesen sein. Oder vielleicht doch?

Ein Haus für
unsere Puppen

Von einer Kurfürstin wird berichtet, daß sie, als sie sich über Mann, Kinder und Untertanen sattsam geärgert hatte, begann, sich ein Puppenhaus einzurichten. Und da sie als Kurfürstin alle Möglichkeiten hatte, bestellte sie beim Hoftischler die schönsten Möbelstücke mit Intarsien und Brokatbezügen, die staatliche Porzellanmanufaktur entwarf winzige Services, für jeglichen Bedarf. In Aubuisson wurden Teppiche bestellt, der Kupferschmied machte Tiegel, Töpfe oder Pfannen für die Küche. Spitzen und Decken, Kissen und Gardinen wurden im Kloster geklöppelt, und Buchdrucker druckten Voltaire, die Bibel und noch einiges in passender Größe zur Unterhaltung der handgroßen Bewohner, die natürlich, da es sich offenbar um Personen von Stand handelte, angemessene Garderobe für alle Gelegenheiten in den Intarsienschränken hängen hatten. Vielleicht sollte man noch erwähnen, daß die Schlüssel zu den Schränken, die eine Art Beschließerin am Gürtel trug, selbstverständlich paßten und schlossen. Man kann sich lebhaft vorstellen, daß die gute Kurfürstin, die sich natürlich auch noch über Kronleuchter, Kunstgegenstände, Gemälde und Toilettgegenstände den Kopf zerbrechen mußte, genußvolle Stunden verlebt hat. Aber dann kam die Problematik aller Puppenhaus- und -stubeneinrichter:

Was dann? Selbstverständlich hat weder die Kurfürstin noch sonst jemand je damit gespielt ...

Aber auch Mütter oder Väter, die herrliche Puppenwohnungen für ihre Kinder basteln, erleben Augenblicke des Unbehagens. Da hatten wir beispielsweise in der Vorweihnachtszeit ein wunderschönes Puppenhaus gebastelt. Allein das Bad war ein Traum mit richtigen Handtüchern, Waschlappen, Zahngläsern, Bürsten, Schwämmen und Seife. Und weil die käuflichen Möbel so scheußlich waren, hatten wir sie mit leuchtenden Farben angepinselt, herrliche Bettwäsche genäht, einen winzigen Vogelkäfig und ein Hundekörbchen gebastelt. Es gab Blumenvasen, Kaffeegeschirr, Püppchen für die Püppchen und selbstverständlich einen Fernsehapparat. Aber wenn ich ganz objektiv zurückdenke – so viel Spaß, wie wir beim Einrichten hatten, hat die spätere Besitzerin dieses gepflegten Heims nie damit gehabt. Sie hat sich zwar gefreut, aber, na ja ...

Später durchlebte man oft die Gefühle von Künstlern, deren Werke von der Mitwelt verkannt und entfremdet werden: Als nämlich das reizende Schlafzimmer noch weitere Betten verschiedenster Provenienz aufnehmen mußte (unter anderem Zigarettenschachteln mit Wattedecken), als die Kissen als Stückgut für die Eisenbahn mißbraucht wurden und als der Vogelkäfig gegen einen Louis-XVI-Sessel (entsetzlicher Anblick in unserem eher bäuerlichen Wohnzimmer) eingetauscht wurde.

Wie oft man blutenden Herzens Waschläppchen, Täßchen, Tischdeckchen und andere Winzigkeiten vor dem mörderischen Zugriff des Staubsaugers rettete, kann gar nicht mehr gezählt werden. Und wenn gar die Freundin erschien und in einer Plastiktüte ihre

Puppenstubeneinrichtung mit Hausbar, Flügel und Küchenbüfett mitbrachte und in „unser" Puppenhaus integrierte, konnte man nur noch sein Haupt verhüllen.

Diese traurigen Erfahrungen, die wohl keinem, der auf diesem Gebiet je tätig war, erspart bleiben, sollten aber um Himmels willen niemanden vom Puppenstubeneinrichten abhalten. Er bringt sich sonst um echte Freuden. Schon allein der Besuch im Spielzeugladen, Sektion Puppenstubenzubehör, ist ein bleibendes Erlebnis. Was man da alles in Daumennagelgröße an niedlichen Dingen und Scheußlichkeiten vorfindet, ist eine Überraschung: entzückende Blumentöpfchen aus Spanholz und die Mona Lisa mit Goldrahmen in halber Streichholzschachtelgröße, Toiletten und Waschbecken in verschiedenster Ausführung, Kühlschränke, Waschmaschinen und ein Che-Guevara-Poster, Obstschalen mit erbsengroßen Apfelsinen, Laufställlchen, Kinderstühlchen und Fläschchen für die Allerkleinsten und sogar eine Puppenstube für die Puppenstubenpuppen.

Leider ist es um diese Puppenkinder meist traurig bestellt. Es gibt auf kaum einem Spielwarensektor eine solche Ansammlung von Scheusälern. Aber das – das ist schon wieder eine Geschichte für sich.

„Alle Kinder dürfen das!"

Manchmal müßte man die Gelegenheit haben, eine große Elternversammlung einzuberufen, um einmal ganz richtig und zuverlässig zu klären, was eigentlich „alle Kinder" dürfen. Schon zu meinen Kinderzeiten durften nämlich „alle Kinder" immer genau das, was mir verwehrt wurde. Lange aufbleiben zum Beispiel oder im März Söckchen tragen, Jerry-Cotton-Bändchen kaufen und zum Mittagessen Brauselimonade trinken (statt Milch!). Jetzt würde ich vor allen Dingen klären, was eigentlich alle Kinder stets und ständig im Fernsehen sehen dürfen. Es geht da etwa um den allwöchentlichen Spätwestern, der am Samstagabend zu nachtschlafender Zeit über den Bildschirm zu flimmern pflegt und schwere Nachteile für das Ansehen eines Kindes schafft, das ihn nicht zu sehen bekommt, da er doch so ganz offensichtlich zum Bildungs- und Konversationsgut bestimmter Schulklassen gehört. Und wie ist es mit den Krimiserien bestellt, die teils hierzulande, teils unter Palmen oder Wolkenkratzern immer wieder dokumentieren, daß schließlich doch alles herauskommt, zumal Schwerverbrecher glücklicherweise die Neigung haben, kurz vor ihrem Tode oder bei ihrer Verhaftung noch einmal ihre Untaten genau zu erklären? Und müssen wirklich „alle Kinder" nachmittags, wenn die Sonne scheint oder wenn das Wohnzimmer von lauter Menschen bevölkert ist, die dies nicht schätzen, immer Elefantenboy, die edle Lassie, Heidi oder gar Skippy, das Känguruh, sehen?

Man müßte wirklich einmal mit den Eltern von „allen Kindern" reden können. Hinweise nämlich auf ein bestimmtes Kind, dessen Mutter etwa auch die Edgar-Wallace-Serie greulich findet, werden mit einem verächtlichen: „Ja, die …!" abgetan. Auch die Psychologie erweist sich als nicht so recht hilfreich. Wie immer klingen ihre Ratschläge sehr einleuchtend: Man soll eine sorgfältige Auswahl des Programms – nach Alter und Einsicht abgestuft – treffen, und man soll das Kind nie allein fernsehen lassen, sondern dabeisitzen und sich später mit ihm über das Geschehene unterhalten. Leider sind die Kinder, die ich kenne, offenbar nicht die richtigen. Man kann mit ihnen stundenlang darüber reden, daß der Western nachts um halb elf nicht das richtige ist, sie werden immer nur argumentieren, daß aber „alle Kinder" ihn sehen dürfen, daß morgen Sonntag ist und daß sie, wenn sie dies gewußt hätten, nicht den Rasen geharkt hätten. Von echten Diskussionsbeiträgen kann also keine Rede sein. Dies zur Auswahl des Programms.

Zum Alter sei gesagt, daß die Psychologen offensichtlich nicht das Problem von Geschwistern ins Auge gefaßt haben. Was macht man mit dem brüllenden Peter, wenn Paul schon den Elefantenboy sehen darf? Zumal doch die Mutter mit am Bildschirm sitzen muß, um später mit Paul das Geschehene zu besprechen, wobei sie womöglich dies Opfer ganz umsonst auf sich genommen hat, da Paul außer der Ansicht, der Elefantenboy sei immer „dufte", zur Unterhaltung gar nichts beitragen will, da er sich inzwischen ganz anderen Dingen zuwendet. Und was geschieht, wenn nun einmal die

Mutter ganz und gar keine Lust hat, sich Dschungelabenteuer anzusehen, was offenbar die Psychologen überhaupt nicht in Betracht ziehen? Muß sie trotzdem, oder darf das Kind auch nicht? „Beschäftigen Sie Ihr Kind anderweitig!" heißt der einschlägige Ratschlag. Beschäftigen Sie aber mal ein Kind, dem seit dem letzten Telefonat mit der Schulfreundin nichts als „Die Straßen von San Francisco" im Kopf steckt und das sich gar nicht beschäftigen will, weil es sich unterdrückt, geknechtet, mißverstanden und schlecht behandelt fühlt, weil es wieder einmal nicht darf, was „alle Kinder" dürfen. Da es aber diese mißhandelten und geknechteten Kinder fast in jedem Haushalt gibt, wäre es wirklich interessant, einmal die Eltern von den anderen, von „allen Kindern" kennenzulernen.

Größere, dem Problem inzwischen entwachsene Sprößlinge, die diese Kämpfe in weiter Vergangenheit ausgefochten haben, sind bei der Lösung all dieser Probleme nicht sehr hilfreich. Sie neigen mehr dazu, moderne Erziehungsgrundsätze nur theoretisch und nicht in bezug auf jüngere Geschwister zu schätzen. „Wir durften mit dreizehn", so lieben sie zu argumentieren, „überhaupt nur bis zur Tagesschau aufbleiben! Und das auch nur, wenn wir ‚ganz brav' waren!" Und dies wieder behaupten „alle" Herangewachsenen. Komisch!

Alles
in schönster
Unordnung!

Bezüglich ihrer Ordnung und Ordnungsliebe kann man die Menschheit nicht nur in ordentliche und unordentliche Zeitgenossen einteilen. Man muß auch die sehr verschiedenen Gruppen der unordentlichen Leute streng auseinanderhalten: Die, die sich in ihrer Unordnung pudelwohl fühlen, und die unordentlichen Leute, die unter ihrer Unordnung leiden. Ich weiß, wovon ich rede, denn ich gehöre selbst zu denen, die Ordnung lieben, denen es aber nicht gegeben ist, sie zu halten. Meine Kinder- und Jugendjahre verbrachte ich unter lauter Menschen, die von Haus aus oder von Geburt an ordentlich waren. Die dachten nun weder daran, hinter mir herzuräumen, noch meinen in ihren Augen schwerwiegenden Charakterfehler wohlwollend zu dulden: Manch heiliges oder unheiliges Donnerwetter brach über mich herein, manche in meinen Augen notwendigen und schönen Dinge wurden konfisziert oder gar in den Mülleimer geworfen, weil sie „herumflogen", manche Schublade wurde zum Zwecke des Aufräumens auf den Fußboden entleert. Ganz zu schweigen von allerlei schönen Unternehmungen, die mir entgingen, weil ich „erst" aufräumen mußte. Aber schon damals hatte ich ein Gefühl tiefster Befriedigung, wenn ich nach all diesen Leiden vor einem aufgeräumten Spielschrank stand, oder vor einem Bücherregal, in dem sich nur Bücher, und die in Reih und Glied stehend, befanden. Welch glückliche Empfindung, wenn ich an einem Schreibtisch saß, auf dessen Platte Platz für Heft und Buch war, und wenn in der Kommode Pullover, Taschentücher und Strümpfe fein voneinander getrennt untergebracht waren. Leider hielten diese Idealzustände nie lange vor: Die Schränke zeigten nach einiger Zeit wieder Tendenz, sich bei unvorsichtigem Öffnen polternd ihres Inhalts zu entledigen.

Gewissermaßen als Kompensation war ich dann im ferneren Leben ständig von Leuten umgeben, denen Unordnung überhaupt nichts ausmachte, ja, die es nach eigenen Angaben erst so richtig gemütlich fanden, wenn Zeitungen stapelweise vermischt mit Schallplatten auf dem Boden lagen, wenn Butter und Wurst möglichst im Papier verblieben, und die in andere Ecken verrückten Sessel nie wieder zurückgerückt wurden, wenn alle im Laufe eines Jahres von der ganzen Familie gelesenen Bücher gerecht über das ganze Haus verteilt wurden und alle Schuhe einzeln dort stehenblieben, wo sie irgend jemand der Bequemlichkeit halber ausgezogen hatte.

Unordentliche Leute behaupten, daß man nach dem Aufräumen nichts wiederfände (daß sie allerdings auch vor dem Aufräumen nichts wiederfinden und den Haushalt vor allem am frühen Morgen mit nervenzerfetzenden Suchaktionen erschüttern, sei nur nebenbei bemerkt!). Um also am Morgen die benötigten Kleidungsstücke gleich zu finden, läßt man sie am besten auf dem Fußboden in der Reihenfolge des Ausziehens liegen, und sollte man sich am nächsten Morgen für eine andere Garderobe entscheiden, können sie ja für den übernächsten Tag gleich liegenbleiben.

Da natürlich außer den Textilien noch allerlei Überbleibsel von Nahrungsaufnahmen, geistiger Arbeit, Freizeitgestaltung und eventuell von der Beschäftigung mit Kleintieren den Teppich zieren, haben jene klugen Leute gut reden, die Humor und Toleranz predigen: Ein Mensch, der in die Ordnung – glücklich oder unglücklich – verliebt ist, leidet und denkt neiderfüllt an die guten Eltern zurück, die dem Leiden völlig unbefangen Luft schafften durch mehr oder weniger laute und gezielte Worte oder durch Maßnahmen.

Man hat's nun einmal so gern ordentlich, weil ja der schönste Raum, der hübscheste Garten und reizendste Balkon gleich sehr verlieren, wenn verstreute Zeitungen und Turnschuhe, leere Konservenbüchsen und Sprudelflaschen herumliegen, wenn Mäntel auf Sitzgelegenheiten, Pflaumenkerne auf einem Buchdeckel und Bonbonpapiere unter dem Tisch lagern. Natürlich soll es nicht so aussehen wie im Schaufenster eines Möbelgeschäftes, aber das braucht man ja wohl wirklich kaum zu befürchten.

Beschließt übrigens ein von Haus aus unordentlicher Mensch, der unter seiner Unordnung keineswegs leidet – unter dem Druck der öffentlichen Meinung oder vom Wunsch beseelt, ein neues Leben voller Ordnung zu beginnen – eine Großaufräumaktion, so besteht noch kein Grund zum Frohlocken. Entweder erlahmt sein Schwung, wenn er alles ausgeräumt hat, so daß die Unordnung noch viel fürchterlicher wird, oder aber er wird noch jahrelang Vorwürfe verteilen, wenn er wieder einmal etwas nicht finden kann.

Wege zur
vollkommenen Schönheit

Es gibt nur sehr wenige Eltern, deren Kinder wahrhaft vollkommen gerade sind. Ich rede hier nicht von den inneren Werten, ich spreche ganz einfach von der äußeren Erscheinung, an der sich doch zumeist dies oder jenes aussetzen läßt. Der milde Großmutterblick findet zwar in der Regel alles niedlich, aber das eher kritische Mutterauge sieht doch hier und dort kleine oder größere Unvollkommenheiten. Und wenn gar der Onkel Doktor hinschaut, findet er auch noch dies oder jenes, was nicht nur der Schönheit, sondern auch der späteren Gesundheit Abbruch tun wird. Das Kind ist zu dick, hat einen leichten Silberblick, Knickfüße, eine schlechte Haltung oder läuft Gefahr, Raffzähne zu bekommen. Doch wenn man jahrhundertelang geneigt war, dies alles schicksalsergeben hinzunehmen, so sind wir heutzutage bereit, den Kampf um die Schönheit unserer Nachkommenschaft aufzunehmen. Für den uns in diesem Kampf zur Seite stehenden Doktor handelt es sich zwar mehr um die Gesundheit, aber die kommt bei uns eher an zweiter Stelle.

Wenn sich also Eltern und Arzt im wesentlichen einig sind, gibt es unter Umständen erbitterte Widerstände bei den Kindern. Leider ist es durchaus nicht so, daß Brillen, Schuheinlagen und Zahnklammern von ihnen dankbar entgegengenommen und fleißig getragen werden. Das einzige Verschönerungsmittel, mit dem man keine Schwierigkeiten hat, sind jene Mützchen, die man Säuglingen aufsetzt, um ihre abstehenden Öhrchen anzulegen. Das liegt aber nur an dem unkritischen Alter der Betroffenen – und außerdem sind diese Mützchen noch absolut nutzlos: Die kleinen Ohren schnellen immer wieder in die Ausgangslage zurück. Auch mit Brillen kann man gewisse Anfangserfolge erzielen, so lange etwa, wie es die Kleinen noch erstrebenswert finden, wie ihr Opa auszusehen. Später aber muß man sich auf einen langjährigen Kampf gefaßt machen: Die Brille wird in die Tasche gesteckt, hinter irgendeinen Busch gelegt, dem Teddybären aufgesetzt, verbogen, zerkratzt, in der Schule vergessen und schließlich ganz und gar verloren. Dann aber wieder wird sie eine geraume Zeit überraschend zuverlässig getragen, weil ein anderes Kind auch eine bekommen hat oder weil man sich sowieso gerade in einer Periode der allgemeinen Bravheit befindet. Ähnlich geht es mit den Einlagen, die vor allem kleine Mädchen hassen, weil sie meist mit dem Tragen unerwünschter Fußbekleidungen verbunden sind, wobei nicht verschwiegen werden darf, daß auch die Mütter trübsinnig auf alle die Schuhe blicken, die sie – streng vermahnt und auf die gesundheitlichen Folgeschäden hingewiesen – nicht kaufen dürfen. Den Müttern obliegt es in der Regel auch, jene Gymnastikübungen durchzuführen, bei denen ein Taschentuch mit den Füßen aufgehoben, ein Katzenbuckel gemacht und auf den Außenkanten der Füße gelaufen werden muß. Es gibt nur wenige Kinder, denen man dies auf die Dauer als fröhliches Spiel verkaufen kann.

Besonders zu leiden haben nach allgemeiner Erfahrung die Eltern der Kinder mit Zahnklammern. Gewiß, es gibt auch hier zuverlässige kleine Kerle, die jahrelang von selbst nach dem Verschönerungsinstrument greifen. In den allermeisten Fällen aber pfeifen die Kleinen auf ein späteres Perlengebiß und gehen in Opposition: Grundsätzlich bleibt die Klammer am Ort der letzten Nahrungsaufnahme liegen, und sei es – wie bei uns – in einer Autobahnraststätte. Man findet sie unter dem Bett, im Puppenwagen und in der schmutzigen Wäsche in den Jeanstaschen. Und weil man sie auch auf der Erde findet, wird zuweilen auf sie getreten. Leider aber geht sie manchmal auch völlig verloren, wozu ich allerdings den Tip geben kann, in diesem Fall ruhig im Fundbüro nachzufragen: Das letztemal gab es dort zwei – leider war unsere nicht darunter. Merkwürdigerweise hat auch bei sonst nicht uneitlen Kindern die Aussicht auf spätere Hexenzähne, ja sogar das Aufzeigen von besonders schrecklichen Exemplaren, nur mäßige Folgen: Die Klammer wird nach kurzer Zeit doch immer wieder zu einem Konfliktstoff.

Am meisten geschlagen jedoch sind jene Eltern, die aus dicken Sprößlingen schlanke machen wollen und müssen. Es ist natürlich hart, einem, wenn auch pummeligen, aber doch sichtlich hungrigen Kind den Sahnekuchen zu verweigern, den die anderen Kleinen fröhlich verspeisen. Da sind natürlich die immer noch besser dran, die nur zum soundso viel hundertsten Male sagen müssen: „Wo ist deine Brille?" oder: „Warum liegen deine Einlagen wieder im Badezimmer herum?" oder: „Mach endlich die Klammer rein!"

Früh
übt sich ...

Selbstverständlich sind alle unsere Kinder von Haus aus hochbegabt, was man schon ganz deutlich daran erkennen kann, daß sie bereits im zarten Alter von sechzehn Monaten den Fernsehapparat in Betrieb setzen können und nach vierzehn Tagen noch wissen, daß die Oma in der Porzellandose, auf der „Sago" steht, Sahnebonbons aufhebt. Obwohl also diese Tatsache unbestritten ist, muß man doch bedenken, daß der Kleine oder die Kleine, die hier mit so intelligentem und konzentriertem Gesichtsausdruck einen Schlüsselbund zum Munde führen und voller Genuß daran lutschen, unter Umständen später am Numerus clausus scheitern könnten oder nicht das Prädikatsexamen schaffen, das ihnen den Weg öffnet, Spitzenkräfte in Staat und Wirtschaft zu werden. Man muß also etwas für die Weiterentwicklung der vorhandenen Intelligenz tun! In früheren vorsintflutlichen Zeiten geschah dies dadurch, daß die Kleinen zunächst ein solides Pappbilderbuch mit Tieren darin bekamen und zoologisch geschult wurden, indem man ihnen angesichts eines dargestellten Rindviehes „Muh!" vorsagte, angesichts eines Schäfchens „Mäh!" und eines Vögleins „Piep!" (Schwierigkeiten bereitete immer das Pferd). Bald beherrschten sie die dargestellte Fauna. Mit zunehmender Reife ging man zu glanzvolleren

Gedächtnisleistungen über: „Wer hat die schönsten Schäfchen ...", oder gar dazu, den ganzen Struwwelpeter auswendig vorzutragen! Außerdem nahm alle Welt vertrauensvoll an, daß man den Kindern dann in der Schule schon das Lesen, Schreiben und Rechnen und was sonst noch notwendig ist, beibringen würde.

Diese leichtfertigen Zeiten sind nun vorüber. Und damit die Kleinen bereits mit geschultem Geist ihre Studien beginnen und dann diesen auch weiter erfolgreich obliegen können, haben wir didaktisches Spielzeug, mit dem man lesen und rechnen lernen kann, sein Gedächtnis schult, sein Formgefühl entwickelt, Mengenlehre spielend nachvollzieht. Ganz zu schweigen von Erdkunde und Geschichte und sonstigem Bildungsgut, das man sich auf die lustigste und spannendste Art und Weise einverleibt! Man hört von einem Kind in der Verwandtschaft, das ganzwortlich lesen lernend darauf besteht, statt „Vater" „Papi" zu lesen und statt „Auto" „Opel", und schon bringt man als passendes Geschenk ein Spiel mit, auf dessen Deckel mehrere Kinder mit jubelnd erhobenen Ärmchen demonstrieren, wie man mit Hilfe von Bildern und Kärtchen zur perfekten Leseratte wird, ohne es auch nur zu merken.

Kinder, die dauernd Ärger haben, weil sie „Vater" und „Papi" nicht unterscheiden können, zeichnen sich aber in der Regel durch ein unheimlich feines Gespür dafür aus, herauszufinden, wo etwas gelernt werden soll. Und anstatt dankbar zu sein, werden sie von einer tiefen Abneigung gegen das lustige Spiel erfüllt. Sicher gibt es Ausnahmen, aber im allgemeinen wird viel lieber so etwas wie „Mensch ärgere Dich nicht!" gespielt, wobei man höchstens lernen kann, daß das Leben harte Schicksalsschläge bereithält, die mannhaft ertragen werden müssen. Es ist aber durchaus nicht so, daß Leselernspiele völlig unnütz wären: Die niedlichen Bildkärtchen findet man unter Umständen in der Puppenstube als Poster wieder, und schon das Kleinkind – anstatt Herzchen, Kreis, Viereck und Halbmond in die vorgestanzten Löcher zu ordnen – besteht darauf, sie auf den Boden zu werfen oder in der Sandkiste einzugraben.

Der frühe Teenager, dem an Hand eines Dichterspiels die deutsche Literatur nahegebracht werden sollte, funktionierte das Ganze in eine Art Glücksspiel um, bei dem immer der gewann, der das höhere Sterbedatum eines unsterblichen Lyrikers oder Dramatikers vorzuweisen hatte. Besonders vielseitig verwendbar sind die verschieden geformten und gefärbten Elemente zur spielerischen Erlernung der Mengenlehre: Man kann sie als Ladung für die elektrische Eisenbahn, als Material für schöne Legemuster, als Ersatz für den aufgegessenen Inhalt des Kaufladens und sogar als nahrhaftes Futter für die Stofftiere benutzen.

Übrigens gibt es ein Spiel, das dem Training des kindlichen Gedächtnisses dient. Hiervor kann gar nicht genug gewarnt werden. Es stellt sich nämlich heraus, daß dabei nahezu jeder Erwachsene haushoch und schmählich verliert. Merkwürdigerweise schätzen dies die Kleinen schon eher.

Wir helfen nach
mit
Nachhilfeunterricht

Im Zusammenhang mit Nachhilfestunden ergeben sich heute manchmal Probleme, von denen man sich früher nie etwas hätte träumen lassen. Beispielsweise: Soll sich ein junges Mädchen in Mathematik auf den gewünschten Wissensstand bringen lassen von einem offensichtlich guten Mathematiker, der aber zur Sommerszeit seinen Unterricht ungeniert im Unterhemd erteilt?

Vor Jahren noch erschien einem alles völlig problemlos. Wie problemlos – daran erinnert man sich blitzartig, wenn man andere Mütter voller Überzeugung den schönen Satz aussprechen hört: „Ich werde mein Kind von Anfang an daran gewöhnen, selbständig zu arbeiten, denn ich halte es für grundfalsch, bei den Schularbeiten zu helfen oder helfen zu lassen!" Ich glaube, es ist für alle erfahrenen Eltern ganz klar, daß es sich hier offensichtlich um Mütter von Säuglingen oder Erstkläßlern handelt. Im allgemeinen kommt es meist so, daß schon nach relativ kurzer Zeit die Mutter zunächst über die Schulter schauend und dann leider oft danebensitzend die Aufsicht darüber übernimmt, daß die verlangten geraden Striche ordnungsgemäß nebeneinander aufmarschieren, daß die sichtbare Tatsache, daß Otto auf dem Baum und Lisa im Wagen sitzt, lesend vorgetragen werden kann und daß die Menge der Kinder mit Brille und die Menge der Kinder mit Fahrrad angemessen registriert wird. Und damit haben die ersten Nachhilfestunden stattgefunden!

Da es nun leider sehr wenige Kinder gibt, die für diese mütterliche Hilfestellung von Dankbarkeit erfüllt sind, sondern sich zumeist eine gewisse ungemütliche Stimmung breitmacht, versuchen viele Mütter nach Möglichkeit, das undankbare Geschäft zu delegieren. Ältere Geschwister bieten sich natürlich geradezu an. Überrascht muß man bedauerlicherweise feststellen, daß die größeren Brüder und Schwestern, die man doch mit Verständnis und Toleranz und Nachsicht erzogen zu haben glaubt, sich oft den Kleineren gegenüber als wahre Tyrannen entpuppen. Ohne Rücksicht auf das empfindsame kindliche Selbstwertgefühl argumentieren sie mit „Mensch, bist du aber behämmert!", verkrachen sich bis aufs Blut mit ihrem „Schüler" und entdecken sogar die längst in Vergessenheit geratene Weisheit, daß Schläge auf den Hinterkopf den Verstand fördern, zu unserem Entsetzen neu. Wenn sie auch geschwisterliche Versäumnisse getreulich decken und gute Ratschläge für die geeignete Behandlung gemeinsamer Lehrer austauschen, so erweisen sie sich doch im allgemeinen zwar als kostensparende, aber trotzdem noch nicht als ideale Lösung des Nachhilfe-Problems.

Also sieht man sich, wenn es einmal wieder brennt, nach familienfremden Kräften um: nach Mitschülern höherer Klassen beispielsweise. Da man sich aber in neuerer Zeit überhaupt nicht mehr darauf verlassen kann, daß alle in etwa das gleiche gelernt haben, kann es einem durchaus passieren, daß ein Oberstufenschüler den Aufgaben eines fünf Jahre jüngeren Knaben völlig verständnislos gegenübersitzt und selber erst eine längere Einarbeitung in das Problem benötigt. Im allgemeinen aber ist die Leistung der Mitschüler im Kampf gegen den Bildungsnotstand nicht hoch genug zu preisen. Durch die hier umgesetzten Millionen ist ganz bestimmt die Mofa-, Schallplatten-, Foto-, Textil- und Radioindustrie nicht unerheblich angekurbelt worden. Bei älteren Jahrgängen treten dann Studenten und Lehrer auf den Plan, wobei man den letzteren richtig dankbar sein muß, daß sie trotz dauernder Überarbeitung noch Zeit zu solchen Einsätzen finden – allerdings zu oft sehr stolzen Preisen. Studenten machen es billiger. Unter ihnen gibt es wahre pädagogische Genies, die als Geheimtip von Eltern zu Eltern weitergegeben werden. Es gibt aber auch wahre Nieten, die keinen Zweifel darüber aufkommen lassen, wie unsympathisch sie das benötigte Fach, den Schüler und Nachhilfestunden überhaupt finden. Andere hinwiederum trainieren die ihnen Anvertrauten vor entscheidenden Arbeiten mit dem Eifer eines Rennstallbesitzers. Und dann gibt es natürlich noch die Möglichkeiten schöner menschlicher Beziehungen zwischen Nachhilfekraft und Schülerin – ob zum Segen des gemeinsamen Tuns, sei dahingestellt.

Um auf den Mathematiker im Unterhemd zurückzukommen – wie würden Sie in diesem speziellen Fall entscheiden?

Turnen eins –
Latein fünf

Alle haben wir in der Schule das gesundheitsfördernde Fach Turnen gehabt – oder aber wir haben es noch. Turnen – das ist etwas grundsätzlich anderes als Deutsch, Mathematik oder Englisch, was man schon daran sieht, daß beim Turnen ganz andere Persönlichkeiten als leuchtende Sterne aufglänzen, als in den anderen Fächern. Hoffnungslose Dauerkunden der verschiedensten Nachhilfekräfte entpuppen sich hier als Inhaber bester Noten, wobei allerdings gesagt werden muß, daß schließlich und endlich die Eins im Turnen allein noch keinen gerettet hat. Und außerdem muß angemerkt werden, daß es ungerechterweise auch wahre Wunderkinder gibt, die außer sehr guten Zensuren in allen geistigen Fächern auch noch mit lässiger Eleganz die beste Note im Turnen heimtragen – die reinste Verschwendung!

Wenn auch Eltern und Lehrer im allgemeinen diese Note nicht allzu wichtig nehmen, so verleiht sie einem doch bei den Mitschülern ein gewisses Ansehen, dem es offenbar nicht im geringsten schadet, wenn man wie ein Schwachkopf an lateinischen Grundbegriffen scheitert. Dagegen wird man leicht zur komischen Figur, wenn man beim Felgaufschwung nicht die Beine an die Reckstange bringt. Menschen, die als Schüler hilflos am Barren hingen, erfolglos am unteren Ende einer Kletterstange herumhangelten und beim Völkerball Empörungsschreie ihrer Mannschaft verursachten, weil es ihnen nie gelang, einen Ball zu fangen, pflegen noch nach Jahren im Traum sich dessen zu schämen. Manchmal können sie später über ihre Mißerfolge lachen, vor allem, wenn sie zufällig auf einen anderen schlechten Turner treffen, aber damals, in den Turnstunden, war ihnen viel eher zum Heulen zumute.

Turnlehrkräfte gibt es in den verschiedensten Arten: solche, die vor unendlich langer Zeit das letzte Mal geturnt haben, und nun, angetan mit Schal, Hut und Mantel oder Rock und hohen Absätzen, lediglich noch Tore oder Treffer pfeifen; oder solche, die in schicken Trainingsanzügen oder Gymnastikgewandungen lediglich Beispiel für vorbildliche Haltung und Grazie geben; und natürlich solche, die noch immer so gern turnen, wie sie es damals taten, als sie sich diesen Beruf aussuchten. Die letzteren, die alles vormachen und mitmachen, sind die beliebtesten. Wenn sie nur nicht immer so scharfe Bälle würfen, daß blaue Flecken und verstauchte Finger die Erfolge ihres Eifers sind.

Der Boden jeder Turnhalle ist zwar staubig, aber so edel, daß er nur barfuß oder mit Turnschuhen betreten werden darf. Noch staubiger sind die Matten aus Leder, die man hin und her schleppen muß, und die das Schlimmste verhüten sollen. Außerdem riechen sie nicht gut. Auch die Umkleideräume riechen immer muffig – sogar in den modernsten Schulen. Das liegt sicher daran, daß nach einem merkwürdigen Brauch selbst die gepflegtesten Schüler und Schülerinnen ihr Turnzeug höchst selten zu waschen pflegen. Nach einem genauso ehrwürdigen, aber unhygienischen Brauch werden die Turnschuhe in die übrigen Turnsachen eingewickelt und in den Turnbeutel gepackt. Diesen Turnbeutel haben Mädchen zumeist in der Quinta aus Gmindener Linnen genäht und bestickt, und er entwickelt die Neigung, zu Hause vergessen zu werden. Für solche Fälle gibt es fast in jeder Schule irgendwo eine Kiste mit gefundenen Turnsachen, aus der man sich notdürftig herausstaffieren kann – und die Möglichkeit nicht mitzuturnen. Kein anderes Fach bietet die Möglichkeit der Nicht-Teilnahme in so reichem Maße, so daß sie oft als letzte Rettung, seinen dringend notwendigen Studien für ein anderes Fach zu obliegen, schamlos einkalkuliert wird.

Natürlich wissen gewitzte Turnlehrer aus ihrer eigenen, oft noch nicht lange verflossenen Schulvergangenheit um diese Möglichkeit und führen einen erbitterten Kampf dagegen. Die einen bestehen auf schriftlichen, datierten und abgezeichneten Entschuldigungen, die anderen erlauben nicht das Mitbringen von Büchern, Heften und Füllern in die Turnhalle, und manche verlangen gar die Anfertigung von schriftlichen Werken über den Sinn und Wert der Leibesübungen. Da aber gerade Turnlehrkräfte in unendlich vielen Klassen unterrichten, geht ihnen manchmal der Überblick darüber verloren, wer fehlt. Jeder erinnert sich sicher der merkwürdigen Tatsache, daß es wahre Genies im Nichtmitturnen gab, während andere, viel Pflichteifrigere, beim kleinsten Sündenfall immer auffielen.

Bei den guten Turnern offenbart sich der Charakter früh: die einen sind unglaublich eingebildet auf ihre eigenen Fähigkeiten und können gleichzeitig nicht begreifen, daß anderen diese Fähigkeiten abgehen, und die anderen sind warmherzige Wesen, die mitleiden, wenn ein Mitmensch zum drittenmal beim Absprung für die Hechtrolle über die unendlich hoch und breit wirkenden Rücken anderer Mitturner zurückscheut. Ihrer tatkräftigen Hilfestellung, die schon in Schwerstarbeit ausartet, ist manche gelungene Geräteübung zu verdanken, und ihrer großzügigen Handhabung des Maßbandes manch ausreichender Weitsprung. Aber auch die ganz schlechten Turner unterscheiden sich schon fürs Leben: die einen sind verklemmt und verbittert, die anderen versuchen, ihr hartes Los mit humorvoller Gelassenheit zu meistern.

Übrigens möchte ich an dieser Stelle jener Mitschülerin von Herzen danken, die in einem entscheidenden Augenblick den Schlagball für mich weit genug – aber doch nicht zu weit – warf. Denn im Werfen bin ich selten über zwanzig Meter weit gekommen. Und das ist, wenn Sie sich recht erinnern, wirklich zu wenig.

Wir haben eine
Eins geschrieben!

Wie man immer wieder von den Pädagogen hört, lernt man in der Schulzeit nicht für die Schule, sondern für das Leben; und wenn das auch in mancher Hinsicht stimmen mag, so kann einem dieser erhabene Gedanke doch nicht in jedem Fall das Lernen versüßen. Also ist es nicht ganz unverständlich, wenn der junge Mensch beim Verlassen der Schule nicht mit Bedauern, sondern voll Dankbarkeit und Erleichterung glaubt, daß – was auch immer das Leben an Plackereien für ihn bereithalten möge – es mit der Plackerei der Schularbeiten nun ein für allemal vorbei sei.

Aber auch in diesem Falle kommt es leider wieder einmal anders, als man denkt: Denn nach ein paar goldenen Jahren ohne Hausaufgaben sitzt der Mensch – vor allem der weibliche – wieder an der Seite seiner Sprößlinge an der Arbeit. In den vergangenen sorglosen Jahren hat er vielleicht mancherlei schöne Theorien aufgestellt, etwa dergestalt, daß die eigenen Kinder im Gegensatz zu fast allen Kindern ringsum von Anfang an an selbständiges Arbeiten gewöhnt werden sollen und daß man sich um die Schularbeiten genausowenig kümmern wird, wie dies die eigene Mutter dereinst tat. Aber wenn dann die eigenen Kinder, entgegen aller Theorie, anstatt des Lobes für die selbständige Arbeitsweise einen Zettel mit nach Hause bringen, auf dem geschrieben steht, so ginge es nicht weiter und es möchte sich doch einmal jemand darum kümmern, daß die Hausaufgaben etwas gewissenhafter erledigt würden, muß man einsehen, daß die Theorie sicher sehr fundiert ist, daß aber leider die Kinder unvollkommen programmiert sind.

Und so sitzt man wieder an der Arbeit, verpackt die Drei siebenmal in einundzwanzig und schlägt sich mit Schnittmengen, Teilmengen, leeren Mengen und Elementen herum oder greift helfend in die „Zeichnung des Schulhofes vom Himmel aus gesehen" ein, weil nämlich die beste Freundin ein Sternchen für ein Gemälde bekommen hat, dessen Haupturheber der große Bruder war. An diesem Platz – zumeist rechts oder links neben demjenigen, der da fürs Leben lernt – bleibt man dann für mehrere Jahre sitzen, obwohl man in den meisten Fällen noch nicht einmal gern gesehen wird. Das „selbständige" Arbeiten kann oft sehr viel zeitsparender, großzügiger und konfliktloser erledigt werden. Denn Mütter stellen zuweilen Anforderungen an Vollständigkeit und Sorgfalt, die Stoff zu Meinungsverschiedenheiten enthalten können, und anders, als „wir es machen müssen", wollen sie dies oder jenes auch anpacken. Das Argument: „Aber so haben wir das gelernt!", oft mit erhobener Stimme und sogar unter Tränen hervorgebracht, erweist sich manchesmal als richtig, was den schularbeitenden Elternteil häufig zu gelindem Kopfschütteln veranlaßt.

Im Laufe der Jahre wachsen die Anforderungen. Aus der Luftansicht des Schulhofes wird ein Längsschnitt durch die Alpen und statt des Verpackens der Drei müssen x und y isoliert, ausgeklammert, gekürzt und faktorisiert werden. Manchmal hat auch die einsatzfroheste Mutter dies alles von Herzen satt. Sie ist ja voll und ganz damit einverstanden, daß die moderne Schule keine Paukschule mehr sein will – aber hin und wieder hat sie ganz ketzerische Gedanken: Da Vokabeln beispielsweise in der Schule zwar nicht mehr gepaukt, aber in den Klassenarbeiten ohne Gnade verlangt werden und da sie nun einmal leider nicht die Eigenschaft besitzen, den Kindern anzufliegen, wird die lästige Paukerei von der Schule ganz schlicht auf die Eltern – natürlich meist auf die Mutter – abgeladen. Und da lastet sie nun! Manchmal leider recht lange, bis nämlich das selbständige Arbeiten endlich auch beim letzten Spätentwickler wirklich einsetzt. Leider gibt es eine Menge Kinder, die gar kein bißchen dankbar sind, sondern die Sache noch durch wortgewaltige Auseinandersetzungen erschweren. Wenn nicht überall landauf, landab andere Eltern auch an den Schularbeiten säßen und das eigene Kind ohne Hilfe hoffnungslos ins Hintertreffen geriete (sofern es nicht zu den wenigen erfreulichen Ausnahmen gehört), würde man wirklich liebend gern in einen lebenslangen Schularbeitenstreik treten!

Man hat natürlich auch seine wohltuenden Erfolgserlebnisse: Wenn „wir" eine wunderschöne Englischarbeit geschrieben haben, wenn „unser" gestickter Turnbeutel mit „sehr gut" zensiert wurde und wenn „wir" als einzige die Physikaufgabe herausbekommen haben, dann erleben wir stolze Momente. Andererseits ist der berühmte Vater, der alle Mathematikaufgaben falsch hat, nicht nur eine Witzfigur, sondern aus dem vollen Leben gegriffen: Unsere für ein müdes Kind verfertigte Zeichnung von Südamerika erhielt z. B. nur ein lahmendes „Ausreichend", und dem Vater einer Klassenkameradin, der selbst Deutschlehrer war, gelang es im Hausaufsatz bei einem Kollegen nie über „befriedigend" hinauszukommen. Und allmählich bleiben wir in einem Fach nach dem anderen auf der Strecke …

PS. Bei Schulentlassungsfeiern bekommen Schüler, Direktoren und Lehrer zumeist warme Worte des Lobes und der Anerkennung gespendet. Aber wer gedenkt jemals der schularbeitenden Mütter und Väter?

Beobachtungen
eines wartenden Elternteils
vorm Schulportal

Unter Sechs- und Siebenjährigen gilt es als eine Art Schande, von Mutter, Vater oder sonstigen Anverwandten an der Schule abgeholt zu werden. Später, wenn sich das Selbstbewußtsein prächtig entwickelt hat, stört es den heranwachsenden jungen Menschen nicht nur nicht mehr, sondern in Anbetracht unbequemer Bus- und Bahnfahrten oder sogar – dem Himmel sei's geklagt – von Fußwegen läßt er es sich gern gefallen, wenn das elterliche Auto hin und wieder vor der Schule wartet. Dabei kommen dem Wartenden unversehens die strengen Sitten der eigenen Schulzeiten in den Sinn, wenn man so beobachten kann, wie ein Jüngling malerisch auf der Schultreppe gelagert ist, sein lockiges Haupt im Schoße einer Mitschülerin, während zwei andere – nach Innigkeit der Abschiedsküsse, die sie austauschen, zu schließen – offenbar Abschied fürs Leben nehmen. Nur zwei Kleinere, die ihre Mappen mit Gesamtinhalt die Treppen hinunterwerfen, benehmen sich auf altvertraute Art und Weise, allerdings nur bis zu dem Augenblick, in dem der eine von ihnen sich kühn eine Zigarette anzündet.

Es klingelt – und der wartende Elternteil (wie es im Schuldeutsch heißt) sieht kurz darauf einen im wesentlichen blau eingefärbten Strom aus den Schultoren hervorbrechen: Die immer wieder von der Modebranche als absterbend bezeichnete Jeansmode – hier ist sie noch in voller Blüte. Schüler und Schülerinnen jener Klassen, in denen man immerzu wächst, tragen mit erhabener Gleichgültigkeit Hosen, an denen man herausgelassene Säume wie Jahresringe konstatieren kann und·die dennoch Hochwasser haben. Obwohl seit dem letzten Abholen einige Röcke hinzugekommen sind, denkt man mit Wehmut an gar nicht so lange zurückliegende Zeiten, in denen lauter frisch gebügelte Waschkleider (mit und ohne Pettycoats) und karierte Faltenröcke die Treppen herunterkamen. Die Jungen hatten es ja nie so mit der Eleganz. Heutzutage allerdings weigern sich auch offensichtlich einige unter ihnen, Konzessionen an das Klima zu machen: Mitten im heißen Sommer erscheinen sie im Rollkragenpullover aus dicker Wolle (man möchte wetten, daß sie ihn auf der bloßen Haut tragen), und im kalten Winter tut es der gleiche Pullover ohne Jacke und Mantel auch; nur die sommertags bloßen Zehen werden im Winter verhüllt. Übrigens taucht garantiert im blau-grauen Strom auch immer wie ein bunter Vogel eine gemessen einherschreitende Maid im wallenden indischen, afghanischen oder wie auch immer sonst bodenlangen Gewand auf, und ein Jüngling im gestickten Hemd ist zumeist auch dabei.

Die Lehrer, oft nur durch die konventionellere Kleidung von den Schülern zu unterscheiden – denn es gibt oft unter den Schuljungen und -mädchen das, was unsere Großväter „wahrhaft gestandene Männer" und „Vollweiber" nannten –, haben es in der Regel eilig, heimzukommen. Manchmal müssen sie sich um die noch auf der Treppe stehenden kontaktpflegenden Gruppen regelrecht herumschlängeln. Wenn überhaupt, werden sie freundlich, aber nicht ehrerbietig gegrüßt. Die eine oder andere Lehrperson nimmt schon einmal ein Kind im Auto mit, was den Elternteil, der sonst eher Negatives von ihr gehört hat, milde stimmt.

Wenn ein Schub von Schülern auftaucht, die einem bekannt vorkommen, weiß man zum mindesten, daß die letzte Stunde auch wirklich stattgefunden hat. Es soll aber auch schon passiert sein, daß überraschend abholende Eltern hinterher von einem schon zu Hause weilenden Sprößling bedauerlicherweise zu hören bekamen, die zu Recht oder zu Unrecht nicht besonders geschätzte letzte Stunde sei wegen der Krankheit der zuständigen Lehrperson ausgefallen, während man gerade eben diese Lehrperson im Kreise von Schülern, die zu solcher Schandtat nicht fähig sind, hat aus der Schule kommen sehen.

Aus der Art und Weise übrigens, wie der eigene Sprößling dann schließlich die Schultreppe herunterkommt, kann man sogleich schließen: Die entscheidende Mathematikarbeit, die zu Befürchtungen Anlaß gab, hat offenbar wenigstens bescheidenen Ansprüchen genügt!

Übermorgen
gibt's Zeugnisse!

Manche jungen Eltern, die erwartungsvoll dem allerersten Zeugnis ihres – selbstverständlich besonders intelligenten – Sprößlings entgegensehen, erleben zunächst einmal eine Enttäuschung: Statt prachtvoller Zensuren in Rechnen, Schreiben und Lesen steht da lediglich „Thomas (oder Petra) hat einen guten Anfang gemacht. Er (sie) war eifrig bei der Sache." Und bei dem nicht halb so genialen Nachbarkind, das erst neulich noch die schwerwiegende Frage „Ist Jochen im Auto?" und die Antwort „Nein, Jochen ist im Wagen!" beim Lesen nicht auseinanderhalten konnte, steht erbitternderweise genau dasselbe. Glücklich sind die Eltern zu preisen, bei denen dies die einzige Enttäuschung auf dem Zeugnissektor bleibt!

Alle anderen Eltern leben zweimal im Jahr in der Ungewißheit dessen, was da kommt. Oft kommt es sehr überraschend, was daran liegt, daß die Berichterstattung der Kinder nicht immer ganz zuverlässig ist. So wird aus begreiflichen Gründen die Tatsache, daß man als einziger gewußt hat, wo Rumänien liegt, deutlicher hervorgehoben als die, daß man vorn an der Landkarte vergeblich die Mündung der Donau in Oberitalien gesucht hat. Übungsarbeiten mit einer Fünf darunter geraten leichter im Durcheinander der Schulmappe in

Vergessenheit als niedrigere Ziffern, und optimistisch eingestellte Schüler haben den rührenden Glauben, daß „das Mündliche" schon alles herausreißen wird. Natürlich gibt es auch Pessimisten, die etwa finstere Andeutungen der Lehrkraft wie: „Ich an deiner Stelle würde lieber aufpassen!" oder: „Wenn deine Leistungen im Französischen nur halb so gut wären wie deine Modezeichnungen!" als Vorboten einer nahenden Katastrophe auffassen und die entsprechende Stimmung verbreiten. Übrigens ist es durchaus nicht bei allen so, daß diese und andere drohende Vorzeichen in den Wochen vor den Zeugnissen eine gewaltige Hochkonjunktur in Fleiß anfachen. Es gibt auch jene Schüler, die durch eiserne Schweigetaktik, Resignation oder Erwartung von Wundern ins Unglück schlittern. Da sind schon die Saisonarbeiter glücklicher veranlagt, die zweimal im Jahr imstande sind, sich vermittels eines ungeheuren Kraftaktes aus dem Sumpf zu ziehen.

Da alles relativ ist, erleben auch wirklich gute Schüler und ihre Eltern so ihre Enttäuschungen: Tränen um ein „Sehr gut", das es bei der neuen Lehrerin nicht mehr gegeben hat, der Hinweis eines ehrgeizigen Vaters, daß mit einem „Befriedigend" in Englisch der Abstieg zum Analphabetentum beginne, oder der Glaube, daß ein Klassengenosse, der vom Lehrer mehr geliebt wird, besser benotet wurde, trüben die Familienstimmung, während in anderen Familien das gleiche Zeugnis einen wahren Freudentaumel hervorrufen würde. Es kann sehr verbittern, wenn eine Familie in der Verwandtschaft oder Bekanntschaft Gejammer über ein „Gut" anhören muß, während sie selbst ganz heiter ist, weil statt der zwei befürchteten Fünfen nur eine einzige im Zeugnis steht.

Genau wie vor hundert Jahren haben trotz aller schönen Forderungen nach Vertrauen, Toleranz und Verständnis Zeugnisse immer noch in vielen Sippen familienspaltende Tendenzen: Mutter und Kind verschwören sich gegen den Vater, der Vater verspricht Schutz gegen die aufgebrachte Mutter, oder das arme Kind steht ganz allein gegen die geschlossene Einheitsfront unzufriedener Eltern. Wie gut, wenn es da noch ältere Geschwister gibt, die der Sache aus eigener, jüngster Erfahrung gelassener gegenüberstehen! Ältere Geschwister hingegen, die immer bildschöne Zeugnisse hatten, können eine zusätzliche Belastung darstellen.

Sehr zu loben sind allerorten die lieben Großmütter: Sie schwellen vor Stolz über ein gutes Zeugnis, loben ein mittelmäßiges und finden auch an dem allermäßigsten noch gute Seiten. Es ist kaum nötig zu bemerken, daß sie auch Belohnungen parat haben, und damit die weniger glänzenden Erscheinungen unter ihren schulpflichtigen Enkelkindern nicht leer ausgehen müssen, verteilen sie auch klingende Münzen für gute Zensuren in Turnen, Musik und Betragen. Außerdem können sie manchmal noch sehr heilsame Erinnerungen an die Zeugnisse der jetzigen Elterngeneration ausgraben! Was übrigens die Belohnungen betrifft, gibt es in manchen Familien regelrechte Tarifordnungen mit gestaffelten Einnahmen oder gar Abgaben, während anderswo schon die reine Tatsache der Versetzung fürstlich honoriert wird.

Zum Schluß seien hier noch einige gängige Kommentare zu Zensuren zitiert: „Bei Herrn X ist eine Drei mindestens so gut wie bei anderen eine Zwei!", „Fräulein Y hat gesagt, das sei die beste Vier in der Klasse", „Diese Fünf ist ungerecht, bloß weil er mich nicht leiden kann!", „Und dabei hat sie extra gesagt, wenn ich noch eine anständige Arbeit schreibe und nicht mehr störe, drückt sie ein Auge zu!"

Leute mit einigermaßen intaktem Gedächtnis können feststellen, daß es auf diesem Gebiet also nichts Neues gibt.

„Ihr versteht das
ja doch nicht!"

Neulich hatte ich das Vergnügen, zufällig mitzuhören, wie fünf ganz junge Damen (im Alter von zwölf bis dreizehn) ihre Zukunft planten. Dies war insofern interessant, als sie alle nicht weniger als vier Kinder haben wollten, wobei nur noch die Frage zu entscheiden war, ob es besser sei, zweimal Zwillinge zu bekommen oder die Kinder einzeln in die Welt zu setzen. Der Einwand, daß man dies doch nicht immer selbst in der Hand habe, wurde mit dem Hinweis auf Hormonspritzen abgetan, und nur auf die Frage, wie man denn die Planung – erst zwei Jungen und dann zwei Mädchen oder abwechselnd immer ein Junge und ein Mädchen – praktisch durchführen wolle, blieb die Antwort aus. Die zukünftigen Väter dieser reichen Kinderschar waren bis auf einen noch unbekannt, dieser eine hingegen war dem Vernehmen nach voll einverstanden, wobei nur noch geringe Unstimmigkeiten bei der Auswahl der Namen für die beiden Töchter bestanden. Daß man natürlich zusätzlich noch einen interessanten Beruf (Leiterin eines Ponyhofes, Erforscherin unbekannter Indianerstämme am Amazonas oder Kinderärztin) ergreifen würde, verstand sich von selbst. Nachdem die Zukunft solchermaßen geregelt war, erhoben sich die jungen Damen zu einem Fußballspiel, das ihnen leichtsinnigerweise drei gleichaltrige Knaben ungeachtet der weiblichen Überzahl vorgeschlagen hatten. Natürlich gewannen die Mädchen, obwohl, wie hinterher festgestellt wurde, der erst kürzlich erlangte Busen für einen Torwart hinderlich sei. Aber dies müsse man schließlich in Kauf nehmen.

So ist das Leben dieser Mädchen voll der interessantesten Widersprüche. Teils sind sie ungeheuer erwachsen und erfahren, teils benehmen sie sich nicht viel anders als eine Fünfjährige. Auf ihre Schönheit sehr bedacht, was Frisur, Kleidung, Schuhe und Modeschmuck betrifft, ist es trotzdem ein hartes Stück Arbeit, sie im Hinblick auf späteren äußeren Glanz zum Tragen der dringend nötigen Zahnklammer zu bewegen, und auch der Blick dafür, ob ein schicker Pullover auch noch tadellos sauber ist, scheint bei ihnen manchmal etwas getrübt. Große innenarchitektonische Veränderungen ihrer Zimmer („... ich kann ja schließlich nicht mein Leben lang in einem Kinderzimmer hausen ...") werden durchgeplant, aber die Einsicht, daß die schönste Inneneinrichtung darunter leidet, wenn jedes ausgezogene Kleidungsstück auf der Erde liegenbleibt und jedes Eckchen der „Jugendzimmer"-Möbel mit Heften, Schallplatten und Bonbonpapier bedeckt ist, läßt noch auf sich warten. Überhaupt klaffen die Meinungen darüber, was schön ist und was nicht, nie so weit auseinander wie bei Dreizehnjährigen einerseits und ihren Lieben auf der andern Seite. Man kann es kurz auf den Nenner bringen, daß das schön ist, was den andern in diesem Alter gefällt. Leider gefallen denen manchmal die scheußlichsten Sachen, und – was fast noch erbitternder ist – die hübschesten werden von ihnen nicht genehmigt. Das nicht gebilligte könnte man dann eigentlich gleich wegwerfen, weil es sonst immer neue Auseinandersetzungen, Argumente und Tränen darum gibt.

Tränen gibt es bei den ganz jungen Damen überhaupt häufig. Denn wenn sie auch selbst ungeheuer patzig sein können, ist ihre Neigung, gekränkt zu sein, so ausgeprägt, daß manchmal die ganze übrige Familie trotz intensiven Nachgrübelns nicht herausbekommt, wer nun schon wieder was getan hat. Auf dringende Nachfragen wird der schwer beleidigte Teenager unter Umständen nur müde abwinken: „Ihr versteht das ja doch nicht ..." und per Telefon Verbindung mit sensibleren Seelen suchen.

Obwohl die ganz junge Dame zuweilen ein echter Kumpel sein kann, der mit strahlender Miene den Seinen zuliebe wirklich unangenehme Aufgaben erledigt und auf den man sich wirklich auch in schwierigen Situationen voll und ganz verlassen kann, verwickelt sie sich andererseits doch wieder mit ihren Geschwistern und Kusinen in endlose Streitereien darüber, wer gestern wieviele Tassen und Teller abgedeckt hat und wer heute darum nicht die Gläser wegräumen muß oder wenigstens nicht alle sechs allein. Und ihre in der Schule liegengelassenen Turnschuhe mit nach Hause zu bringen, vergißt sie wochenlang genauso wie den fest versprochenen Bedankemichbrief an die Patentante.

Natürlich gäbe es noch eine ganze Menge über die ganz jungen Damen und das Thema „Jungens" zu sagen. Dies aber würden mir die, die ich kenne, ganz gewiß übelnehmen. Denn wenn sie auch mitunter ziemlich kesse Reden führen, sind sie doch andererseits gerade auf diesem Gebiet empfindlich wie die Mimosen. Und da noch nie ein Mensch so ganz richtig herausgefunden hat, wo eigentlich genau die empfindlichen Stellen sitzen, sollte man lieber übervorsichtig sein.

Ich glaube übrigens, daß diese Stellen völlig planlos ständig ihren Sitz wechseln.

Jungsein
ist manchmal
anstrengend

Es gab – oder gibt es sie noch? – Puppen, deren Haupt und Glieder vermittels eines Gummibandes am Körper befestigt waren, um eine gewisse Beweglichkeit der Gliedmaßen zu erreichen. Nach einiger Zeit aber pflegte das Gummi zu erschlaffen, woraufhin Arme und Beine traurig herabhingen, ja sogar die Fähigkeit zu sitzen war dahin, so daß diese Puppenkinder nur noch angelehnt hingelagert werden konnten. Auf ähnliche Art erschlaffte Gummibänder könnte man zuweilen – nicht ohne eine gewisse altmodische Verbitterung – in einigen Jugendlichen vermuten, wenn man sie auf Stühlen, Sofas und Sesseln halb liegend, halb sitzend mit weit von sich gestreckten Beinen und hängenden Armen antrifft, dabei so weit in die Tiefe gerutscht, daß auch das schwere Haupt eine Stütze findet. Die mehr rhetorisch gemeinte Frage, ob sie sich nicht ein bißchen ordentlicher hinsetzen können, wird mit der schwer zu beantwortenden Gegenfrage: „Warum denn?" gekontert, falls sie nicht, aus reiner Toleranz und Gutmütigkeit, ihre Stellung um etwa fünf Zentimeter verändern.

Außerdem (falls sie nicht gerade in die Musik versunken sind, die lautstark aus Kassettenrekorder oder Stereoanlage tönt) werden sie häufig von dem Problem geplagt: Was soll ich jetzt mal tun? Primitive Vorschläge der vorausgehenden Generation, vielleicht ein Buch zu lesen oder den Hund auszuführen, fallen auf keinen fruchtbaren Boden. Und gar die Anregung, ein wenig Schularbeiten zu machen, wird rundheraus abgewiesen mit dem Argument, man befände sich sowieso schon unter unheimlichem Streß. Nun gibt es ja auch eine ganze Menge aushäusiger Beschäftigungen, aber die werden so entrüstet abgelehnt, als handle es sich um die Idee, ohne Sauerstoff den Mount Everest zu besteigen. Man möchte zwar, aber: „Wie soll ich denn da hinkommen?" Kenner der Szene wissen, daß es sich in solchen Fällen um junge Leute handelt, deren Eltern sträflicherweise bisher die Anschaffung eines Mofas noch zu verhindern wußten oder sich weigern, die ständigen und häufig selbstverschuldeten Reparaturen zu finanzieren. Es ist ungeheuer schwierig, sich auf den eigenen Füßen oder unter Benutzung öffentlicher Verkehrsmittel irgendwohin zu begeben! Wenn es gar gilt, erst einmal herauszufinden, wie man an einen unbekannten Ort gelangt, so verwandeln sich manche, die furchtlos die schwierigsten Probleme der Menschheit diskutieren und lösen, in hilflose kleine Jungen und Mädchen zurück.

Aber sie müssen ja auch an ihre Gesundheit denken! Dies lernte ich, als ich neulich in der Hamburger Hochbahn Gelegenheit hatte, dem Gespräch einiger hoffnungsvoller Jünglinge zu lauschen, die sich gegenseitig versicherten, wie sehr doch dies tägliche Hochbahnfahren ihren Bandscheiben schade. Mit einer Ausnahme waren sie alle bereits bandscheibengeschädigt. Auf der letzten Klassenreise – man höre es und entsetze sich! – war man übrigens gezwungen worden, um einen See von beträchtlichen Ausmaßen herumzulaufen! Das Leben hat schon seine Mühsale für die Jugend parat, was auch die Teilnehmer jener Expedition feststellen mußten, die ein hartes Schicksal nicht nur auf einen Berg, sondern auch in ein dortselbst gelegenes Schloßmuseum verschlagen hatte – und das noch dazu bei aufkommendem Föhn! Was übrigens die äußerst delikate Gesundheit anbetrifft, so haben einige Jungendliche natürlich auch mächtig unter Allergien zu leiden: Sie sind nicht nur allergisch gegen die Wolle ungeliebter Pullover, gegen Kartoffeln, Gartenunkraut, Fischauflauf und Schuhwichse, sondern auch gegen Vokabelnlernen, Zimmeraufräumen und Opernmusik.

Aber just dann, wenn man anfängt, sich ernstlich Sorge zu machen um Lebenskraft und -tüchtigkeit der jungen Generation, laufen sie plötzlich zu großer Form auf: Schwere Möbelstücke werden hin und her bewegt für eine Party; Stunden um Stunden laufen sie durch die Kaufhäuser, um just die richtige Hose zu finden; die sonst so müden Beine leisten Ungeheures in der Disco; um ein ersehntes Ziel zu finanzieren, ist man bereit und in der Lage, Schwerarbeit zu leisten; und Leute, die sich für unfähig erklärten, den Weg in einen Vorort der Stadt auszumachen, planen voller Verstand und Umsicht eine Reise durch Spanien. Na, also!

„Nun laß
den armen Jungen
doch ausschlafen!"

Schon nach den allerersten Kinderjahren beginnt der Mensch zu empfinden, daß das Bett nicht nur eine Stätte der Verbannung, Langeweile und Gefangenschaft ist, an die man sich nur sehr widerwillig begibt und die man zu verlassen strebt, sobald dies nur eine feindselig gesonnene Umwelt in Gestalt ruhebedürftiger Erwachsener gestattet. Man begreift, daß es unter Umständen auch ein höchst angenehmer Aufenthalts- oder Zufluchtsort sein kann. Es fängt unseligerweise zumeist kurz nach der Einschulung an, daß der kleine Mensch nicht mehr in aller Herrgottsfrühe seinen Mitmenschen mit dem Wunsch, unbedingt aufzustehen und den Tag fröhlich zu beginnen, auf die Nerven fällt, sondern jammervoll darum bittet, noch ein kleines bißchen im Bett bleiben zu dürfen. Unter Umständen hustet er sogar zum Erbarmen, klagt über Kopf- und Bauchweh und blickt betont trübselig in den frischen jungen Morgen.

Ein weiterer Schritt zum Erwachsenwerden ist dann ein abendliches oder gar mittägliches Aufsuchen der Schlummerstätte, ohne eine eigens ausgesprochene Aufforderung dazu – von einem Befehl ganz zu schweigen. Doch dies ist wesentlich seltener. Im allgemeinen muß leider festgestellt werden, daß die allermeisten Jugendlichen von dem schönen Spruche „Geh früh zu

Bett, erhebe dich zu früher Stund! Das macht dich wohlhabend, weise und gesund!" nicht recht etwas halten. Wahrscheinlich, weil sie noch nicht nach Weisheit streben, über Gesundheit nicht viel nachdenken und feststellen müssen, daß gerade jene Playboys, die sie für besonders wohlhabend halten, ganz sicher nicht früh aufstehen, geschweige denn früh ins Bett gehen. So klagte mir neulich ein völlig verzweifelter Vater: „Meine Tochter ist wie ein Goldhamster, tagsüber pennt sie und nachts dreht sie das Rad!"

Viele Eltern, deren Kinder so langsam heranwachsen, leiden, wenn sie ihre Sprößlinge spät heimkehren sehen oder hören und ganz genau wissen, daß der morgige Tag zwangsläufig mit einem beträchtlichen Schlafdefizit beginnen muß. So eine schreckliche Unvernunft! Allerdings muß gesagt werden, daß Mütter und Väter im Nachthemd, die solche sicher begründeten Überlegungen laut anstellen, leider nur sehr selten pädagogische Erfolge erzielen. Die gleiche Litanei beim Frühstück ist auch nicht gerade gefragt. Übrigens ist es erstaunlich, mit wie wenig Schlaf junge Leute eine Zeitlang auskommen können. Und ganz sicher gehört es zu den zahllosen Alterserscheinungen, wenn man eine Nacht ohne rechten Schlaf erst nach ein paar Tagen so richtig verkraftet, was sicher unter anderem daran liegt, daß man sich nicht mehr so einfach ins Bett legen und versäumten Schlaf auf der Stelle nachholen kann.

In der Jugend kann man das fabelhaft, und wenn irgendwie die Möglichkeit besteht, tut man es auch mit Begeisterung. Aber weil die Welt nun einmal nicht vollkommen eingerichtet ist, fällt es genau denselben Menschen, die so besorgt um die Gesundheit und den Schlaf ihrer Sprößlinge zu sein pflegen, hoffnungslos auf die Nerven, wenn eben diese Sprößlinge bis zum

Mittagessen im Bett bleiben und verlorenen Schlaf nachholen. Tagsüber im Bett zu liegen ist eben kein solider Lebenswandel. Außerdem kann das Zimmer nicht aufgeräumt werden, das Frühstück steht bis zum Mittagessen herum, und „heute abend findest du wieder nicht ins Bett!" Gewiß, man bemüht sich, verständnisvoll und liberal zu sein, aber ein später Teenager oder früher Twen, der sonntags gegen halb eins verstrubbelt und gähnend im Bademantel auftaucht, wird von der vorausgegangenen Generation nicht immer mit vorbehaltloser Sympathie empfangen. Und wenn er dann auch noch, anstatt munter ein wenig vom vorausgegangenen Abend zu berichten, nur bemerkt, es sei überhaupt nichts los gewesen, bringt man ihm so recht kein uneingeschränktes Wohlwollen entgegen – wenigstens im Augenblick nicht. Väter übrigens neigen angesichts ihrer ausschlafenden Söhne gern dazu, Machtworte verbunden mit Erinnerungen aus der eigenen spartanischen Jugend auszusprechen, was merkwürdigerweise die Mütter, die eben noch in ähnlichem Sinne dachten, dazu bringt, daß sie in reiner Überzeugung sagen „Nun laß den armen Jungen doch ausschlafen!"

Von der Seite des „armen Jungen" oder des „Goldhamsters" sieht sich die ganze Sache natürlich völlig anders an. Warum, um Himmels willen, soll eigentlich der mündige Bürger nicht dann schlafen, wenn er es für richtig hält? Dagegen ist sehr schwer etwas Stichhaltiges einzuwenden. Aber wenn man das auch alles einsieht – Hand aufs Herz: irgendwie stört es einen doch. Selbst, wenn sie nur um drei Uhr morgens noch lesen, kommen einem Worte der Mißbilligung in den Sinn, und ich glaube, Kinder müssen sehr, sehr alt werden, ehe die Eltern aufhören, sich über Zeit und Stunde ihres Schlafes den Kopf zu zerbrechen. Daß es beispielsweise Schwiegermütter gibt, die ihre Schwiegertöchter anhalten, dafür zu sorgen, daß der Junge nicht so spät ins Bett kommt, wissen wir sicher alle!

*Ich darf
ja nur das Geld
verdienen!*

Als ich vor kurzem in einem Kaufhaus auf das Frei-
werden einer Verkäuferin wartete, wurde ich
Zeuge einer ganz alltäglichen Familienszene: Vater,
Mutter und zwei schon etwas mehr als halbwüchsige
Töchter beim Einkauf von Damenoberbekleidung.
Dem Vater schwebte ein sportliches Kostüm vor und
den Damen ein Hosenanzug oder die Kombination
von Karottenhose und Blazer. Alle Vorstellungen und
Einwendungen des Vaters, ja, auch sein ständiges, ge-
duldiges Heranschleppen von Kleiderbügeln mit dar-
anhängenden Gewändern wurden von seinen Angehö-
rigen mit tausend Einwänden und milder Verachtung
quittiert. Und des Vaters geradezu inständige Bitte,
doch dies oder das wenigstens einmal anzuprobieren,
wurde von der Hauptbetroffenen als Zumutung mit so
abgrundtiefer Unlust zurückgewiesen, wie sie nur ein
Mädchen zwischen fünfzehn und achtzehn an den Tag
zu legen fertigbringt. Als dann die Mutter auch noch
mit feinem Takt den Vorschlag machte, Vati könnte ja
vielleicht inzwischen schon einmal in der Lebensmit-
telabteilung nach Koteletts schauen, stieß der unver-
standene Vati den Seufzer aus: „Ich darf hier ja wohl
nur das Geld verdienen ..."

Der Ausspruch kam mir nur allzu bekannt vor.
Auch mein Vater – wenn er festzustellen glaubte, daß

seine Familie unregierbar war, wenn seine Vorschläge verworfen wurden, wenn er fand, daß auf seine Wünsche nicht gebührend eingegangen wurde, wenn meine Mutter es ablehnte, das Kohlgericht und das Gänseklein zu kochen, das eine Spezialität ihrer Schwiegermutter gewesen war, und Vater dann meinte, daß kaum einer in der Familie diese Spezialität so recht schätze – pflegte resigniert zu äußern: „Ich darf hier ja wohl nur das Geld verdienen." Ganz schwach erinnere ich mich übrigens noch, diesen Familienvaterseufzer auch aus dem Munde meines Großvaters gehört zu haben, wobei man es bei ihm mit dem Geldverdienen nicht allzu genau nehmen durfte, da er zu diesem Zeitpunkt längst seine Pension bezog. Nebenbei bemerkt waren sowohl Vater wie Großvater keineswegs die ausgebeuteten Sklaven ihrer Frauen und Kinder (vor allem um Großvater drehte sich die ganze Familie wie um die Sonne), aber dies hinderte die beiden Männer keineswegs daran, sich von Zeit zu Zeit als bemitleidenswerte Opfer zu fühlen; eine Empfindung, die sie mit unzähligen ihresgleichen in Vergangenheit, Gegenwart und Zukunft teilen.

Wenn diesen bedauernswerten Geschöpfen etwa der Inhalt ihrer Aktentaschen von der Kommode geräumt wird, wenn an ihrer alten Flanellhose die Stoßkanten nicht angenäht sind, wenn sie gebeten werden, dem Plattenspieler nicht ganz so laute Musik zu entlocken oder die Schuhe vom neubezogenen Sofa zu nehmen oder nicht zum Fußball zu gehen, weil sie selbst ihre Mutter und Schwester eingeladen haben, wenn man sie daran zu hindern sucht, bei mäßiger Sonntagmorgenlaune Vokabeln oder die Nebenflüsse der Donau abzuhören oder beinahe mündige Bürger zum Friseur oder zum Make-up-Abwaschen ins Bad zu schicken, immer dann und noch bei unzähligen anderen Gelegenheiten kann es geschehen, daß sie konstatieren, ihr einziges Recht bestünde darin, Geld zu verdienen. Daß dies Geld nur für die Familie und außerdem schwer verdient wird, versteht sich von selbst, und es wäre sicher kleinlich bei passender Gelegenheit einzuwenden, daß ein erheblicher Teil des so schwer verdienten Geldes soeben für die Luxusausgabe einer Stereoanlage oder für ein nicht gerade familienfreundliches Sportauto ausgegeben wurde.

Die richtige Antwort auf die männliche Feststellung, für alle anderen nur zum Geldverdienen dazusein, ist umstritten. So hilft man sich mit feierlichen Versicherungen, daß man den Erhalter der Familie liebt, ehrt, schätzt und umsorgt, mit den schlichten Behauptung „Du spinnst!" oder mit irgendeiner Möglichkeit, die dazwischen liegt. Übrigens sticht mehr und mehr das früher nicht so oft zutreffende Argument, daß schließlich auch noch andere Leute in der Familie Geld verdienen, denen es, nebenbei bemerkt, im Traum nicht einfallen würde, ihren Verdienst im Falle des Beleidigtseins als Waffe zu benutzen. Hier existiert eben eine uralte männliche Tradition.

Natürlich kann man den gleichen Gedanken auch anders als der geplagte Vater im Kaufhaus ausdrücken. Ich kenne da jemanden, der allen berechtigten und unberechtigten Kritiken in der Familie mit dem stereotypen Satz begegnet: „Ja, ja, schimpft ihr nur alle auf euren Ernährer!" (Wobei es keine Rolle spielt, daß er den größten Teil seiner zahlreichen Familie schon seit Jahren nicht mehr ernährt.)

„Ganz ehrlich:
Wie findest du
meine neue Freundin?"

Tja – sie läßt sich bedienen … sprach eine meiner allerbesten Freundinnen, und wer sie so recht kennt, weiß, daß dies ein vernichtendes Urteil ist. „Sie", das war in diesem Fall die neueste Freundin des Sohnes, von der wir seit Wochen wahre Wunderdinge hörten. Nun war sie über ein Wochenende zu Gast, an dem sie nicht nur ihr Bett nicht selbst machte, ihre Haare im Waschbecken beließ und mit freundlicher Anteilnahme zusah, wie die Hausfrau sich mit dem Geschirr beschäftigte, sondern auch den Sohn ganz schön herumscheuchte, um dies oder jenes für sie zu holen. Keine Mutter sieht es gern, wenn man ihren Sohn herumscheucht, dies behält sie einzig und allein sich selbst vor – sofern sie nicht zu jenen Müttern gehört, die ihre Knaben vom ersten Lebenstag an bedienen. Und so wird der Stand der neuesten Freundin im Hause X kein ganz einfacher sein. Ja, selbst der Sohn war etwas geniert.

Geniert ist auch die Tochter, die ihren Eltern zum erstenmal den Freund vorzeigen will (der anerkanntermaßen ein wahres Genie auf dem Gebiet der Soziologie ist), wenn sie feststellen muß, daß sein T-Shirt nicht ganz einwandfrei sauber ist. Nun ist dies zwar eine Äußerlichkeit, über die man erhaben sein sollte, aber sie weiß ganz genau, daß ihre Mutter diese Äußerlichkeit – auch wenn sie sich klugerweise nicht dazu äußert – genauso registriert wie sie selbst.

Es geniert auch, wenn er oder sie wie ein Wasserfall redet oder schweigt wie eine Auster. Zu spät und gerade jetzt erst fallen einem die Tischmanieren auf, die, mit den Augen der Eltern gesehen, ungeheuer unkonventionell sind. Und was ist in ihn (sie) gefahren, daß er (sie) plötzlich von lauter berühmten oder hochadeligen Bekanntschaften redet? Vor allen Dingen die Brüder und Schwestern, die auf dem Gebiet der Kritik eine schlichte Brutalität entwickeln, registrieren alles sehr genau und bereiten sich schon genüßlich auf die Nachrede vor, die sie allerdings netterweise meist so lange zurückhalten, bis die Betreffenden gegangen sind. Sie urteilen natürlich nach anderen Gesichtspunkten: Über das türkisfarbene Hemd und das Nicht-beim-Abdecken-Helfen sind sie zwar mit der Mutter einer Meinung, betreffs der Turnschuhe hingegen und der Äußerungen wider die Hausbesitzer liegen sie mehr auf der Linie des Besuchs.

Für die Eltern ist es oft ein Erlebnis, ihr Kind im Zusammensein mit dem Gegenstand neuer Liebe zu sehen. Manchmal eine höchst angenehme Erfahrung, wenn sie z. B. merken, wie ihr sonst eher zu Muffigkeit neigender Sprößling geradezu aufblüht, wie die neue Freundschaft seine Ticks zu nehmen weiß oder wie ein sonst eher passiver und indolenter junger Mensch plötzlich Tatkraft und Verantwortungsgefühl entwickelt.

Manchmal aber haben Eltern auch zu leiden, wenn z. B. ihre sonst so kritische Tochter verklärt dem ungeheuren Unsinn lauscht, den da ihr Freund verzapft, oder wenn sie an ihrem Sohn eine geradezu sklavische Ergebenheit zu einer eher dummen, aber trotzdem raffinierten kleinen Person beobachten müssen.

Oft haben Eltern unter den Freundschaften ihrer

Kinder ausgesprochene Favoriten, die sie gern im Hause haben – manchmal sogar zu gern, wenigstens aus dem Blickwinkel der Kinder. Aber es gibt auch Freundschaften, gegen die die Mütter allerlei Einwände machen und die die Väter schlicht „Brechmittel" nennen, wobei die Eltern nicht imstande sind, einzusehen, daß gerade solche starken Antipathiekundgebungen eine Freundschaft erst recht zusammenschweißen können. Wobei sich dann tröstlicherweise doch manches „Brechmittel" als halb so schlimm entpuppt hat. Und natürlich kann auch mancher Favorit oder manche Favoritin der Eltern zu einer herben Enttäuschung werden: Das Mädchen, das so lieb in der Küche half, hatte leider nicht viel im Kopf, und der junge Mann mit den netten Manieren verschwendete seinen Charme an eine ganze Reihe von Töchtern.

Kein Zweifel, niemand kann den Eltern die schwere Entscheidung abnehmen. Wenn die neue Freundin oder der neue Freund gegangen ist und man voller Spannung gefragt wird: „Wie findest du sie? Oder ihn? Sag mal ganz ehrlich!" – wie wörtlich soll man dieser Bitte nachkommen?

„Bist du aber
groß geworden!"

Natürlich geschieht es immer wieder, daß Erwachsene mit relativ fremden Kindern und Halbwüchsigen zusammentreffen, und weil sie im Vergleich zu diesen zumeist weltgewandter und weniger gehemmt sind, machen sie den Versuch, eine freundliche Konversation anzuknüpfen. Als Mutter oder Tante hat man im Laufe der Jahre reichlich Gelegenheit, dabei zuzuhören, und kann feststellen, daß den allermeisten Leuten ganz haargenau das gleiche einfällt. An erster Stelle steht da mit Abstand die Bemerkung: „Bist du aber groß geworden!" Nun haben es Kinder unbestreitbar an sich, daß sie etwa vom ersten Lebenstag an bis zum fünfzehnten (oder gar zwanzigsten) Jahr zu wachsen pflegen, und es ist tatsächlich immer wieder überraschend, wenn einem statt eines krabbelnden Kleinkindes ein tatendurstiger Schulanfänger oder statt einer drolligen Erscheinung mit Zahnlücke und Rattenschwänzchen ein Teenager mit durchsichtiger Bluse und blauumrandeten Blick entgegentritt. Was aber sollen die Betroffenen auf die Feststellung, daß sie „aber" groß geworden sind, eigentlich antworten? Als Einleitung zu einem Gespräch ist eine solche Bemerkung kaum geeignet.

Manche Leute übrigens schmücken die Sache noch aus mit dem Zusatz: „Als ich dich zuletzt gesehen habe ..." Da hört dann das Kind, daß es auf dem Sofa saß und an einem Handtuch nuckelte, daß es weinte, weil es ein Kleid nicht anziehen mochte, daß es immer die Ticktackuhr sehen wollte oder einschnappte, weil es die Rolling-Stones-Platte nicht auflegen durfte. Weit davon entfernt, an solchen Schilderungen Freude zu finden, ist es manchen Teenagern im genierlichen Alter geradezu peinlich, sich vorzustellen, daß sie etwa bei diesem wildfremden Herrn auf dem Schoß gesessen und Küßchen gegeben haben sollen, und die Behauptung, sie hätten im reifen Alter von acht Jahren gesagt: „Die Tante hat aber ein schönes Kleid an – wie eine Fee!", halten sie für glatt gelogen. (Schon, weil sie nie zu fremden Damen „Tante" gesagt haben.) An das Großgewordensein knüpfen besonders mit Takt gesegnete Menschen häufig noch weitere Bemerkungen an, wie etwa die Frage, ob der junge Mensch noch in den Himmel wachsen wolle, oder die undurchführbare Aufforderung, er solle doch noch ein bißchen wachsen. Daß beides von den Betroffenen nur zähneknirschend gehört wird, versteht sich eigentlich von selbst. Auch der Ratschlag für dünne Kinder, ein bißchen mehr zu essen, oder die Frage an dicke Kinder: „Dir schmeckt's wohl?" gehört zum ewigen Repertoire herablassender Erwachsener, die sich dann hinterher darüber wundern, daß anderer Leute Kinder oft so muffig zu Fremden sind.

Besonders beliebt sind auch Bemerkungen darüber, wem das Mädchen oder der Junge ähnlich sieht. „Du bist ja ganz die Mutter ..." oder „... ganz deine Tante Elsa!" oder „ganz der Großvater!" bekommt da das Kind zu hören, ohne Rücksicht darauf, ob Tante Elsa die anerkannte Schönheit der Familie war oder ob der Großvater zwar ein lieber Mensch, doch – klein, dick, glatzköpfig und rotgesichtig – nicht gerade eine blendende

Erscheinung ist. Außerdem will nur in den allerseltensten Fällen ein Kind unbedingt wie eine Tante oder eine Mutter aussehen. Wie ein Schlagerstar oder eine Fußballgröße – ja, das wäre etwas anderes! Es gibt allerdings auch entgegengesetzte Fälle: Zwei Töchter einer wirklich wunderschönen Mutter bekamen ihr Leben lang immer wieder zu hören, daß sie ihrer Mama aber nur sehr wenig ähnelten. Und dann folgten zwangsläufig Schilderungen, was für ein Bild von Mädchen ihre Mutter mit sechzehn oder achtzehn Jahren gewesen sei. Die beiden mußten selbst erst sehr viel älter als sechzehn oder achtzehn Jahre alt werden, ehe sie über diese freundliche Art fremder Leute, mit ihnen ins Gespräch zu kommen, lachen konnten. Aber auch Diskussionen darüber, ob er wohl die Familiennase hätte oder nicht, können den jungen Besitzer der diskutierten Nase in tödliche Verlegenheit versetzen, zumal, wenn alle Freunde und Bekannten wissen, daß die Familiennase ein beachtlicher Zinken ist.

Eine ganz anders gerichtete Art, mit fremden Kindern eine Unterhaltung anzuknüpfen, besteht in der Frage: „Na, was macht die Schule?" Dies erinnert sehr an die von Politikern bestgehaßte Konversationsfrage: „Na, was macht die Politik?" insofern, als sich der Fragende im Grunde genommen herzlich wenig für die Antwort interessiert. Nur ganz kleine Schulkinder wissen dies noch nicht und beginnen unter Umständen einen detaillierten Bericht, der in der Regel aber nicht einmal zu Ende angehört wird. Schon nach ein paar Jahren fällt die Antwort kurz und nichtssagend aus, wobei es manchmal sogar bei einem im wahrsten Sinne des Wortes einsilbigen „Och ...!" bleibt. Nicht vergessen sollte man auch, daß man in vielen Familien mit dieser Frage eine offene Wunde berührt, vor allem, wenn man dann noch zur Belebung der Konversation dem jungen Menschen von den wundervollen Erfolgen eigener oder ganz fremder Kinder auf dem Schulsektor berichtet.

Häufig werden übrigens vor allem kleinere Kinder mit der neckischen Frage angeredet: „Sag mal, mußt du eigentlich gar nicht ins Bett?" Daß dies nicht der Beginn einer freundlichen Beziehung sein kann, müßte eigentlich jedem denkenden Menschen klar sein. Dann schon lieber: „Bist du aber groß geworden!"

In
deinem Alter ...

Alle mehr oder weniger jungen Leute wissen seit eh und je, daß nie etwas Gutes auf sie zukommt, wenn ältere Menschen eine an sie gerichtete Mahnung mit den Worten beginnen: „In deinem Alter ..." und dann näher ausführen, was sie in diesem Alter taten oder nicht taten, was sie konnten, durften oder mußten, was sie nicht hatten oder nicht einmal dem Namen nach kannten. Dabei gibt es zwei pädagogische Absichten, die die älteren Leute je nach Bedarf ganz schamlos gegeneinander ausspielen. Schon der Zehnjährigen etwa wird einerseits erklärt: „In deinem Alter mußte ich um halb acht abends im Bett liegen!", was bedeutet, daß die Kleine noch zu jung für längeres Aufbleiben ist, oder: „In deinem Alter habe ich schon zwei kleine Geschwister versorgt!", was dagegen aussagt, daß sie offensichtlich längst größere Verantwortung tragen müßte. Natürlich wird beides nicht gern gehört, wobei dann auch noch ein mitfühlendes Kind von dem Gedanken bedrückt wird, Mutter oder Tante hätten eine grauenvolle Jugend gehabt. Der hoffnungsvolle Jüngling, der vergißt, die Gartenpforte abzuschließen oder einen neuen Kasten Bier zu besorgen, wenn der alte von ihm und seinem Freund leergetrunken wurde, bekommt väterlicherseits zu hören: „In deinem Alter habe ich schon eine Kompanie geführt!", was natürlich nicht ausschließt, daß man ihm bei nächster Gelegenheit vorhalten wird: „In deinem Alter kannte ich so etwas wie Bars und Nachtleben höchstens aus dem Kino!" Offensichtlich stand die Tüchtigkeit der Väter in gar keinem Verhältnis zu ihrer Lebenserfahrung, wenn man ihnen alles so wortwörtlich abnehmen würde. Und wie anspruchslos sie alle waren! In dem Alter ihrer Söhne stellten sie zwei Mark fünfzig in der Woche restlos zufrieden, trugen sie nur abgelegte Anzüge vom großen Bruder und bekamen sie zu Weihnachten lediglich eine neue Fahrradlampe.

Dies alles mag im wesentlichen den Tatsachen entsprechen – wenn auch sicherlich zuweilen ein bißchen dick aufgetragen wird –, doch die jungen Leute finden offensichtlich, daß diese Jugenderinnerungen keine präzise Antwort auf konkrete Anfragen nach mehr Taschengeld, einem Lumberjack aus Wildleder und einem Velo als Weihnachtsgeschenk sind. Und die Tatsache, daß Onkel Theo in ihrem Alter sich eine Stunde täglich durch Eis und Schnee zur Schule kämpfen mußte, mag ja ganz interessant sein, aber steht in keinem direkten Zusammenhang mit der viel interessanteren Tatsache, daß Freund Jürgen nach seinem 18. Geburtstag Fahrstunden nehmen darf.

Je nach Bedarf waren die älteren Leute frühreif oder von besonders kindlichem Gemüt ... „In deinem Alter ..." Sie lasen philosophische Bücher und teilten auf das Verständigste die Sorgen ihrer Eltern, oder sie spielten mit Puppen oder Murmeln. Vor allem die Mütter und Tanten haben offensichtlich besonders lange in ihrer Erinnerung dann mit Puppen gespielt, wenn es darum geht, daß die jungen Mädchen von heute dies überhaupt nicht mehr, sondern etwas ganz anderes im Sinne haben: Wenn die Töchter sich für eine Verabredung zurechtmachen. Die Großmütter gar, Augen- und Lippen-Make-up mißbilligend betrachtend, können oft nicht umhin zu bemerken: „Mein Vater hätte mir links und rechts etwas hinter die Ohren gegeben, wenn ich in deinem Alter so verrückt herumgelaufen wäre!" Studenten, die ungewollt – wenn auch oft nicht immer ganz unverschuldet – ihren geplagten Vätern bis ins ziemlich hohe Alter auf der Tasche liegen, müssen sich mit zunehmender Semesterzahl zunehmend anhören, was die Väter in ihrem Alter schon alles zuwege brachten. „In deinem Alter" hatten sie schon die Eltern unterstützt, das zweite Examen gemacht, eine Familie zu ernähren, waren sie bereits Abteilungsleiter, Lehrlingsausbilder oder zum mindesten an der Ostfront. Nur ein Auto hatten sie im Gegensatz zu ihren Sprößlingen nicht. In dem Alter haben sie noch gar nicht daran gedacht, sondern erst einmal gearbeitet und gespart („... frag nur deine Mutter!"). Die Mutter, die offenbar vom Puppenspiel nahtlos in ein ernstes Hausfrauendasein hinübergewechselt hat, kann dies alles nur bestätigen.

Die jungen Leute aber, die es so gar nicht mit anhören wollen, wenn Ältere vor ihnen ausbreiten, was sie in ihrem Alter alles getan oder nicht getan haben, wobei erwischt man sie immer wieder? Ihren kleinen Geschwistern oder Vettern und Cousinen berichten sie ganz ungeniert: „In deinem Alter durfte ich überhaupt nur Weihnachten länger aufbleiben", „... mir das Kinderprogramm im Fernsehen anschauen", „... noch lange keine Nylons anziehen", und: „In deinem Alter habe ich jeden Mittag allein die Küche aufgeräumt!" oder „... schon lange allein den Rasen gemäht und abgekehrt!"

Die besten Kinder
der Welt

Hin und wieder darf man das Glück genießen, von den besten Kindern der Welt zu hören. Da treffen Sie beispielsweise einen klugen Herrn mittleren Alters, auf dessen nüchternes, ausgewogenes Urteil Sie immer gebaut haben. Sie sprechen mit ihm über das Wetter, die Weltläufte, die Innenpolitik und die Familie. Bei dem letzten Thema haben Sie plötzlich das Bild eines sehr jungen Säuglings in der Hand, der friedlich in seinem Bettchen schlummert (von oben aufgenommen), und erfahren, daß sich dieser Säugling von anderen Säuglingen nicht nur durch seine Schönheit und seinen von Anfang an besonders wohlgeformten Kopf unterscheidet, sondern vor allem durch seine Intelligenz, die es ihm ermöglicht, wachen Auges in die Welt zu blicken, bereits gezielt zu lächeln und vor allem manche Menschen zu erkennen, zu denen auch der Berichterstatter gehört. Muß ich näher ausführen, daß es sich hier um einen nagelneuen Großvater handelt?

Großmütter sind zunächst kritischer, was nicht zuletzt daran liegt, daß sie zumeist ihre Säuglinge anders und sehr viel mühsamer gepflegt haben und eigentlich darauf schwören, daß ihre Babys mit Pünktlichkeit, selbstgeraspelten Möhren, schlohweißen Jäckchen und gebügelten Windeln besser dran waren. Was allerdings könnte bei vernünftiger Pflege aus diesen sichtlich prächtigen Anlagen werden! Wo dazu noch das Kleine die Ohren seines hochbegabten Urgroßvaters und ganz offensichtlich die Musikalität seiner frühverstorbenen Großtante geerbt hat. Schade nur, daß es O-Beine bekommen wird, da die Schwiegertochter es immer auf den Bauch legt! Sind aber erst einmal die Klippen der Säuglingspflege überstanden, so kann man auch von den Großmüttern so viel Gutes und Schönes hören, daß man ganz neidisch auf die Eltern wird, die das Glück haben, so herrliche Kinder zu besitzen.

Wenn auch auf den vorgezeigten Bildern oft nicht so gut getroffen, handelt es sich doch ausnahmslos um hübsche Kinder, manchmal sind sie sogar so hübsch, daß, als der Opa oder die Oma sie in der Sportkarre ausfuhren, sich die Leute nach so viel Niedlichkeit herumdrehten. Und so drollige Aussprüche hat noch nie ein Kind in diesem Alter getan. Ganz sicher werden Sie auch ein paar Anekdoten zu hören bekommen, so zum Beispiel, daß der Kleine, als er bibbernd an der kalten Nordsee stand, den erstaunlichen Ausruf tat: „Gieß bißchen Warmes zu!" oder so.

Natürlich gibt es auch Schattenseiten: Die falschen pädagogischen Bestrebungen von Schwiegertochter oder Schwiegersohn bleiben nicht ohne Folgen auch bei den besten Kindern der Welt – von der Verwöhnung durch das andere Großelternpaar einmal ganz abgesehen. Aber trotz allem sind es doch prächtige Kinder!

Es ist nur wirklich schade, daß es den Lehrern heutzutage so manches Mal an der Fähigkeit mangelt, den reichen Schatz an Begabungen richtig zu fördern und zu würdigen! Alle schulischen Rückschläge können die Großeltern nicht davon abbringen, daß ihr Enkelkind nicht doch irgendwie hochbegabt ist. Und das ist auch gut so: Gibt es doch hier seit eh und je auch für das deprimierendste Zeugnis noch eine Belohnung und sei es nur für die gute Zensur in Schwimmen oder Betragen. Wir selber konnten übrigens früher noch die damals brandneuen Zensuren „befriedigend" und „ausreichend" bei den Großeltern in etwas verklärtem Licht erscheinen lassen – dies können die heutigen Enkel nicht mehr. Aber genau wie früher kann man aus all den kleinen für Oma und Opa gemalten, geschnitzelten, gestickten und gebastelten Werken große künstlerische Begabungen herauslesen, und: „Schöner als die Kleine am Klavier ‚Stille Nacht' gespielt hat, habe ich es noch nie gehört ..."

Nur wenige der so künstlerisch begabten Kinder werden wirklich Künstler – leider, aber man muß ja vernünftig sein. Jedoch gibt es später auch aus dem Berufsleben viel Schönes zu berichten: als Verkäuferin sind sie die rechte Hand des Chefs, als Banklehrling retten sie die Bank vor größeren Verlusten, und wenn sie einmal einen vorher als besonders günstig gepriesenen Posten verlassen, dann nur, weil man ihnen dort nichts mehr beibringen kann.

Leider muß aber gesagt werden, daß für die Großeltern nicht alle Enkel unbesehen „die besten Kinder der Welt" sind – aber die erstgeborenen Enkel sind es so gut wie sicher.

1982 wird die Herderbücherei 25 Jahre alt. Rund 1000 Taschenbücher hat sie seit 1957 herausgebracht. Rücken an Rücken gestellt, nehmen sie 11,78 m Regalfläche ein. 20 Millionen Bände sind seither über die Packbänder des Verlages gegangen. Damit werden, einer Allensbacher Umfrage zufolge, 6 Millionen Leser erreicht, 40% davon sind protestantischer Konfession.

Katholische und evangelische Theologen bestreiten in brüderlicher Eintracht das umfangreiche *religiöse* Programm. Große Beachtung fand kürzlich die neue Edition „Worauf es ankommt", der Versuch, eine kleine Glaubensbibliothek im Taschenbuch vorzulegen. Besondere Aufmerksamkeit wendet die Herderbücherei neuerdings den großen Weltreligionen zu. Auch die schöne Edition „Texte zum Nachdenken", von Gertrude und Thomas Sartory herausgegeben, erinnert immer wieder daran, daß es eine *allen* Menschen gemeinsame religiöse Wurzel gibt. So öffnet sich der Blick auf eine neue *größere* Ökumene im Zeichen des Zusammenwachsens der Völker und Kulturen zu *einer* Welt.

Lebensorientierung und Lebenshilfe ist das zweite große Arbeitsfeld der Herderbücherei. Erfahrene Therapeuten wie Rudolf Affemann, Joachim Bodamer, Christa Meves, Reinhold Ruthe, Klaus Thomas und Paul Tournier geben dieser Taschenbuchsparte Gesicht und Gewicht. Hier geht es nicht um billige Anpassungsrezepte, sondern um konkrete Anregungen, wie man das Schicksal aus eigener Kraft gestalten kann. In Lebensfragen gilt die Herderbücherei als Nr. 1 unter den deutschen Taschenbuchverlegern.

Vordergründige Tagesdiskussionen hat die Freiburger Taschenbuchredaktion nie als ihre Sache betrachtet. Aber in einem tieferen Sinne ist ihr Programm hochaktuell. Weichenstellungen werden aufgedeckt, wenn etwa in dem von Gerd-Klaus Kaltenbrunner herausgegebenen Taschenbuchmagazin INITIATIVE über die Pillenpest oder den Richterstaat, über die Rolle des Militärs oder das Schmarotzertum als moderne Lebensform diskutiert wird. Mit den von den Feministinnen aufgeworfenen Fragen nach der Rolle der modernen Frau beschäftigt sich eine eigene Serie *„... besonders für Leserinnen"*. 1980 begann die Redaktion, Erinnerungen bekannter Vertreter der Vorkriegs- und Kriegsgeneration zu publizieren, um damit dem verstummten Gespräch zwischen jung und alt neue Impulse zu geben.

Die Redaktion der Herderbücherei ist sich bewußt, daß sie nicht nur Ware, sondern auch Wirkung produziert. Ein Programm dieses Anspruchs läßt sich nur durchhalten, wenn man nicht unter dem Zwang des „Monatsausstoßes" steht. Herder beschränkt sich daher auf maximal 8 Taschenbuchnovitäten im Monat.

Vorbedingung für ein klares Profil ist aber auch die Unabhängigkeit gegenüber dem Lizenzhandel. Fast alle Bände werden eigens für den Taschenbuchleser geschrieben. Die Herderbücherei ist heute der Taschenbuchverlag mit dem höchsten Anteil an Originalbeiträgen. Autorenverträge werden auf Jahre im voraus abgeschlossen. Auch ein modernes Massenmedium bedarf der geistigen Entwicklung von langer Hand.

Bei aller „Planwirtschaft" kommt der Humor nicht zu kurz. Wer Aufheiterung und Lesespaß sucht, findet ein reiches Angebot an Schmunzelgeschichten über Kinder und Kirche, Anekdoten und Zeitglossen, Witze und Cartoons. Für Leser, die das Gruseln lernen wollen, gibt es eine eigene schwarze Serie mit „Unheimlichen Geschichten".

HEILWIG VON DER MEHDEN

Vielgeliebte Nervensägen

Von großen und kleinen Kindern

Band 516, 144 Seiten, 9. Auflage

Hier erzählt die bekannte „Brigitte"-Kolumnistin von ihren
Erlebnissen mit eigenen und fremden Kindern. Bei den
reizenden kleinen Babys, die auch schon nicht immer rei-
zend sein können, beginnt es, führt dann zu den nicht immer einfachen kleinen Persönlichkeiten von drei oder vier
Jahren und zu den Schulkindern mit all ihrem Plagen und
Geplagtwerden, mit ihrer Fernsehleidenschaft und ihren
Freundschaften. Schließlich wird noch von den „Großen"
und ihren Problemen mit Mode, Motoren, Musik, erster
Liebe und rückständigen Eltern berichtet. Die Autorin
kennt alle Freuden und Sorgen des täglichen Familien-
lebens aus eigener Erfahrung, und sie schreibt humorvoll
und nicht ohne Ironie so darüber, daß ihre Leser immer
wieder lächeln, nicken und gelegentlich wohl auch seuf-
zen: „... genau wie bei uns!"

in der Herderbücherei

Heilwig von der Mehden

Mit lustigen Zeichnungen von Dorrit Arnz

Band 930, 352 Seiten

Heilwig von der Mehden, die bekannte und beliebte Kolumnistin der zeitschrift „Brigitte" bietet hier eine herzerfrischende Auslese aus dem unerschöpflichen Repertoire ihrer Erlebnisse und Erfahrungen mit Menschen, Tieren und so manchem, was einem im Leben passieren kann. Ihre Themen sind die Träume und Sehnsüchte des Menschen, seine kuriosen und merkwürdigen Gewohnheiten, seine alltäglichen Freuden und Kümmernisse. Immer finden ihre Gedanken zu jener heiteren Versöhnlichkeit hin, die nur dem wahren Humor eigen ist, und der gelassenen Erkenntnis, daß auf unserer Welt eben nichts vollkommen ist.

in der Herderbücherei